数智化时代会计专业
—— 融合创新系列教材 ——

RPA财务机器人开发与应用

基于华为WeAutomate

周颉　姚华雄　肖燕◎主编

夏学文◎主审

厦门网中网软件有限公司◎组编

人民邮电出版社

北京

图书在版编目（CIP）数据

RPA财务机器人开发与应用：基于华为WeAutomate /
周颉，姚华雄，肖燕主编. -- 北京：人民邮电出版社，
2023.4
数智化时代会计专业融合创新系列教材
ISBN 978-7-115-61211-3

Ⅰ. ①R… Ⅱ. ①周… ②姚… ③肖… Ⅲ. ①财务管
理－专用机器人－教材 Ⅳ. ①F275②TP242.3

中国国家版本馆CIP数据核字(2023)第027695号

内 容 提 要

本书以华为 WeAutomate 设计器为实践平台，紧跟企业数智化转型趋势，详细讲解了 RPA 机器人的基础知识，以及利用 RPA 进行 Excel 自动化处理、E-mail 自动化处理、Web 应用自动化操作、财务票据自动化识别与开具、银企业务功能自动化实现等内容。

本书内容丰富、结构完整、难度适宜，注重实践应用能力的培养，适合作为应用型本科和高等职业院校财经类专业的教材，也可作为企业财务人员和管理人员学习 RPA 财务机器人应用的参考书。

◆ 主　编　周　颉　姚华雄　肖　燕
　　责任编辑　崔　伟
　　责任印制　王　郁　彭志环
◆ 人民邮电出版社出版发行　　北京市丰台区成寿寺路 11 号
　　邮编　100164　电子邮件　315@ptpress.com.cn
　　网址　https://www.ptpress.com.cn
　　北京市艺辉印刷有限公司印刷
◆ 开本：787×1092　1/16
　　印张：14.5　　　　　　　　2023 年 4 月第 1 版
　　字数：361 千字　　　　　　2025 年 8 月北京第 8 次印刷

定价：49.80 元

读者服务热线：(010)81055256　印装质量热线：(010)81055316
反盗版热线：(010)81055315

前　言

近年来，"财务转型"成了财务领域内的热点词汇。大数据、云计算、区块链、人工智能、RPA（Robotic Process Automation，机器人流程自动化）等技术，推动着企业财务的变革与创新。党的二十大报告指出，加快发展数字经济，促进数字经济和实体经济深度融合，打造具有国际竞争力的数字产业集群。对企业而言，降本是生存之本，增效是发展之道，数字化转型是高质量发展的重要引擎。RPA 作为一种新兴的"数字劳动力"，可以替代或辅助人工完成规则明确的重复性劳动，并且能够快速灵活部署，及时响应业务需求，大幅提升业务流程效率，同时能降低人工操作错误的风险，实现企业业务流程的自动化和智能化，从而达到降本增效的目的。

在 RPA 财务机器人的助力下，财务实时决策和分析将成为企业新的价值增长点。为了满足数智化财务时代对 RPA 技术人才的迫切需求，编者依托厦门网中网软件有限公司开发的 RPA 财务机器人开发与应用（华为版）平台内置的案例资源，编写了本书。

本书以华为 WeAutomate 设计器为实践平台，共分为 10 个模块，具体如下。

模块一"RPA 机器人认知"，旨在让读者了解 RPA 的基本概念、功能、技术优势，以及华为 WeAutomate 设计器的基本用法。

模块二"RPA 基础应用"，主要介绍了 RPA 基本控件的用法，以及程序设计的基础知识。

模块三"RPA 在财务中的应用：Excel 自动化处理"，主要讲述如何利用 RPA 实现 Excel 文件的自动化处理。

模块四"RPA 在财务中的应用：E-mail 自动化处理"，主要讲述如何利用 RPA 实现 E-mail 的自动化处理。

模块五"RPA 在财务中的应用：Web 和 OCR 应用"，主要讲述如何利用 RPA 实现 Web 应用的自动化操作，以及 RPA 在 OCR 识别中的应用。

模块六"RPA 在采购到付款环节中的应用：网银付款机器人"，主要讲述开发网银付款机器人的方法，使其能够自动采集付款数据，登录网银系统录入付款数据，自动生成授权支付凭证、提交审批并自动付款。

模块七"RPA 在销售到收款环节中的应用：编制账龄分析底稿机器人"，主要讲述开发编制账龄分析底稿机器人的方法，使其能够自动合并银行存款余额表，完成汇总底稿的编制。

模块八"RPA 在总账到报表中的应用：汇率维护机器人"，主要讲述开发汇率维护机器人的方法，使其能够自动采集中行折算价数据，确保自动生成并写回汇率数据。

模块九"RPA 在资金管理中的应用：银企对账机器人"，主要讲述开发银企对账机器人的方法，使其能够自动核对银行对账单与银行存款日记账，记录未达账项，并自动编制银行存款余额调节表。

模块十"RPA 在税务管理中的应用：发票开具机器人"，主要讲述发票开具机器人的开发方法，使其能够根据发票类型自动开具发票。

本书有以下几个特点。

1. 校企双元合作

本书由湖北科技职业学院、华中师范大学、贵州财经职业学院、湖北财税职业学院与厦门网中网软件有限公司共同编写。本书基于大量企业与毕业生的调研情况，根据企业真实需求讲解了RPA 技术在企业财会场景中的应用，能够满足大数据财会类专业相关课程的教学需要。

2. 工作过程导向

本书对标财会职业岗位，通过对职业岗位群典型工作任务的分析，以岗位需求为目标，按照企业真实的业务场景，划分不同的工作任务，将每一个工作任务进行分解，剥离出可以实现自动化的部分；并且根据行业和企业的需求，让学生自己开发、设计自动化流程，以简化财务工作程序，提高工作效率。

3. 任务驱动

本书将"任务驱动"贯穿于财会职业能力培养的始终，通过任务引入相应的知识点，同时将各种操作技巧穿插在学生学习的过程中，体现了教、学、做相结合的教学模式。本书"应用型"特色鲜明，突出技能训练，注重项目实践，强化学生实际动手能力的培养。

4. 德育融合

本书遵循"职业认知—知识学习—技能实践—素质养成"的主线，有序地安排教学内容，将诚信文化、工匠精神和廉洁守法纳入评价体系，引导学生在掌握专业技能的同时树立正确的价值观。

5. 资源丰富

本书提供了丰富的教学资源，包括教学 PPT、教案、课程标准、习题答案、华为 WeAutomate 安装程序、案例源程序、案例数据等，并配套在线开放课程（超星平台），有效推进了信息技术与教学的深度融合，满足学生学习多样化、个性化的需求。

本书编写团队来自长期工作在教学一线的财经专业教师、计算机专业教师和企业专家，由周颉、姚华雄、肖燕担任主编，杜敏、高秋元、郭诗宇担任副主编，杨凤坤、王蒙、方明聪参与编写。夏学文担任本书主审，周颉负责本书的统稿与审核定稿工作。在教材的编写过程中，编者得到了众多院校专家、企业专家的大力支持，在此表示衷心感谢！

本书微课视频
合集

为方便教学，本书中采用的所有个人信息及企业信息均为虚拟信息。

由于编者水平有限，书中难免存在疏漏之处，敬请广大读者批评指正！

编者

2023 年 3 月

1 目 录

模块一　RPA 机器人认知·····1

任务一　RPA 机器人认知·····1

任务情境·····1

任务描述·····2

知识要点·····2

一、RPA 的概念·····2

二、RPA 的功能和优势·····2

三、RPA 的适用范围和实施过程·····3

四、RPA 的发展阶段·····4

五、主流 RPA 厂商介绍·····5

任务实施·····7

一、企业财务转型的趋势·····7

二、RPA 财务机器人的应用·····7

任务二　华为 WeAutomate 机器人安装及介绍·····8

任务情境·····8

任务描述·····8

知识要点·····8

任务实施·····9

任务三　熟悉华为 WeAutomate 设计器界面·····14

任务情境·····14

任务描述·····14

知识要点·····14

一、开始界面·····15

二、设计界面·····16

任务实施·····19

一、流程设计·····19

二、操作过程·····20

课后练习·····22

模块二　RPA 基础应用·····23

任务一　财务风险判断机器人·····23

任务情境·····23

任务描述·····23

知识要点·····24

一、变量·····24

二、运算符·····24

三、变量命名的规范·····25

四、RPA 操作控件·····26

任务实施·····27

一、流程设计·····27

二、操作过程·····28

任务二　猜数字机器人·····30

任务情境·····30

任务描述·····30

知识要点·····31

一、RPA 操作控件·····31

二、表达式 random.randint(x,y)·····31

任务实施·····32

一、流程设计·····32

二、操作过程·····33

课后练习·····37

模块三 **RPA 在财务中的应用：Excel 自动化处理** 38

任务一 应用 RPA 复制粘贴数据 38
任务情境 38
任务描述 39
知识要点 39
一、Excel 操作基本三流程 39
二、RPA 操作控件 40
任务实施 42
一、流程设计 42
二、操作过程 43

任务二 销售费用汇总机器人 45
任务情境 45
任务描述 45
知识要点 46
一、RPA 操作控件 46
二、表达式 glob.glob(value) 47
三、列表 48
任务实施 49
一、流程设计 49
二、操作过程 50
课后练习 57

模块四 **RPA 在财务中的应用：E-mail 自动化处理** 59

任务一 邮箱服务器设置 59
任务情境 59
任务描述 59
知识要点 60
任务实施 60

任务二 使用 RPA 发送邮件 61
任务情境 61
任务描述 61
知识要点 62
任务实施 62
一、流程设计 62
二、操作过程 63

任务三 批量发送邮件机器人 65
任务情境 65
任务描述 65
知识要点 66
任务实施 66
一、流程设计 66
二、操作过程 67

任务四 批量下载邮件机器人 71
任务情境 71
任务描述 72
知识要点 72
任务实施 74
一、流程设计 74
二、操作过程 75
课后练习 80

模块五 **RPA 在财务中的应用：Web 和 OCR 应用** 82

任务一 自动获取指数机器人 84
任务情境 84
任务描述 84
知识要点 84
任务实施 85
一、流程设计 85
二、操作过程 86
任务二 股票信息抓取机器人 89

任务情境 ………………………… 89

任务描述 ………………………… 89

知识要点 ………………………… 89

任务实施 ………………………… 90

一、流程设计 ………………… 90

二、操作过程 ………………… 91

任务三　OCR 读取增值税发票机器人……… 95

任务情境 ………………………… 95

任务描述 ………………………… 95

知识要点 ………………………… 96

一、OCR 技术介绍 …………… 96

二、RPA 操作控件 …………… 96

三、字典 ……………………… 98

任务实施 ………………………… 99

一、流程设计 ………………… 99

二、操作过程 ………………… 100

课后练习 ………………………… 104

二、操作过程 ………………… 113

课后练习 ………………………… 121

模块七　RPA 在销售到收款环节中的应用：编制账龄分析底稿机器人 ……………… 123

任务一　编制账龄分析底稿机器人流程
梳理 ……………………… 123

任务情境 ………………………… 123

任务描述 ………………………… 125

知识要点 ………………………… 125

任务实施 ………………………… 125

一、需求整理与流程分析 …… 125

二、可行性分析 ……………… 127

任务二　编制账龄分析底稿机器人开发与
应用 ……………………… 127

任务情境 ………………………… 127

任务描述 ………………………… 127

知识要点 ………………………… 127

一、RPA 操作控件 …………… 127

二、联接/合并表格 …………… 128

三、DataFrame 的常见应用 …… 129

任务实施 ………………………… 130

一、流程设计 ………………… 130

二、操作过程 ………………… 131

课后练习 ………………………… 146

模块六　RPA 在采购到付款环节中的应用：网银付款机器人 …… 106

任务一　网银付款机器人流程梳理 ………… 106

任务情境 ………………………… 106

任务描述 ………………………… 108

知识要点 ………………………… 108

任务实施 ………………………… 108

一、需求整理与流程分析……… 108

二、可行性分析 ……………… 109

任务二　网银付款机器人开发与应用……… 110

任务情境 ………………………… 110

任务描述 ………………………… 110

知识要点 ………………………… 110

任务实施 ………………………… 111

一、流程设计 ………………… 111

模块八　RPA 在总账到报表中的应用：汇率维护机器人 ………… 148

任务一　汇率维护机器人流程梳理 ……… 148

任务情境 ·················· 148

任务描述 ·················· 149

知识要点 ·················· 149

任务实施 ·················· 150

　　一、需求整理与流程分析 ·········· 150

　　二、可行性分析 ··············· 151

任务二　汇率维护机器人开发与应用 ·······151

任务情境 ·················· 151

任务描述 ·················· 151

知识要点 ·················· 151

任务实施 ·················· 152

　　一、流程设计 ··············· 152

　　二、操作过程 ··············· 154

课后练习 ·················· 164

模块九 **RPA 在资金管理中的应用：银企对账机器人** ········· 165

任务一　银企对账机器人流程梳理 ·········165

任务情境 ·················· 165

任务描述 ·················· 166

知识要点 ·················· 166

任务实施 ·················· 167

　　一、需求整理与流程分析 ·········· 167

　　二、可行性分析 ··············· 169

任务二　银企对账机器人开发与应用 ········169

任务情境 ·················· 169

任务描述 ·················· 169

知识要点 ·················· 170

任务实施 ·················· 171

　　一、流程设计 ··············· 171

　　二、操作过程 ··············· 172

课后练习 ·················· 185

模块十 **RPA 在税务管理中的应用：发票开具机器人** ········· 186

任务一　发票开具机器人流程梳理 ·········186

任务情境 ·················· 186

任务描述 ·················· 187

知识要点 ·················· 187

任务实施 ·················· 188

　　一、需求整理与流程分析 ·········· 188

　　二、可行性分析 ··············· 189

任务二　发票开具机器人开发与应用 ········189

任务情境 ·················· 189

任务描述 ·················· 189

知识要点 ·················· 189

任务实施 ·················· 189

　　一、流程设计 ··············· 189

　　二、操作过程 ··············· 191

课后练习 ·················· 223

RPA 机器人认知

- 知识目标
  1. 了解 RPA 的基本概念、功能、技术优势
  2. 掌握华为 WeAutomate 设计器的基本用法
  3. 掌握［消息窗口］控件的用法

- 能力目标
  1. 能正确安装华为 WeAutomate
  2. 能正确输出消息窗口信息

- 素养目标
  1. 具备自动化思维，财务转型思维
  2. 具备良好的学习能力和实操能力
  3. 培养良好的职业道德与专业素养

任务一　RPA 机器人认知

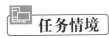 **任务情境**

在大数据时代，市场环境变幻莫测，越来越多的企业开始将数据作为企业的重要资产和生产资料。财务部门应充分运用企业内部和外部的各类信息，从数据中发现规律，挖掘价值，为企业制定战略提供财务评价信息、实时经营信息、动态预测信息等，以便更好地以数据为基础加强对未来的预判，为决策提供支持。

财务转型使财务人员从机械、高频且重复的基础工作中解放出来，去从事更有价值、更具创造性的工作，在提高流程处理速度的同时，还能保证质量，提升效率。

此外，随着财务数智化程度的不断提升，数据来源更加全面，可追溯性更强。利用数字化和自动化技术减少人工操作环节，能避免人为疏漏，保证准确率，有效防范财务风险。

然而，不少企业的财务部门仍采用传统的分散式手动操作模式，缺乏采集、处理数据的工具，这导致低效的交易处理占了财务业务的 80%以上，财务人员只有不到 4%的可用时间和资源用于决策支持或未来规划。

为了减少财务领域内大量机械、重复的体力劳动，2017 年，国际著名的四大会计师事务所（安永、普华永道、德勤、毕马威）先后把国外已有初步应用的"财务机器人"（或者叫"数字化劳动力"）引入中国，使"财务机器人"代替财务手工操作，辅助财务人员完成交易量大、重复性高、

易于标准化的基础业务，从而优化财务流程，提高业务处理效率和质量，规避财务合规风险，使资源分配在更多的增值业务上，促进财务转型。"财务机器人"的出现，与其说是"取代"财务人员，不如说是"解放"他们，减轻他们的工作量，让他们有更多时间和精力分析财务数据，为企业创造更多价值。

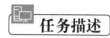 **任务描述**

了解 RPA 机器人的相关概念、功能和优势，以及适用范围和实施过程，探讨未来企业财务转型的趋势及 RPA 财务机器人的应用。

 **知识要点**

一、RPA 的概念

各类机构根据 RPA 的特征及价值给予其不同的定义。

知名研究机构美国机器人流程自动化与人工智能研究所（IRPA AI）认为：RPA 是一种技术应用模式，使机器人软件或机器人能够捕获并解释现有的应用信息，从而能够处理事务、操作数据、触发响应，以及与其他数字化系统进行通信。

国际知名咨询机构高德纳（Gartner）认为：RPA 整合了用户界面识别和工作流执行的能力，它能够模仿人工操作计算机的过程，利用模拟鼠标和键盘来驱动和执行应用系统，有时候它被设计成应用到应用之间的自动化处理流程。

国际商业机器公司（IBM）认为：RPA 是利用软件来执行业务流程的一组技术，它可以按照人类的执行规则和操作过程来执行同样的流程。RPA 技术可以减少工作中的人力投入，避免人为的操作错误，缩短处理工作流程的时间，使人类可以转换到更加高阶的工作环境中。

知名管理咨询公司麦肯锡认为：RPA 是一种可以在流程中模拟人类操作的软件类型，它能够比人类更快捷、精准，不知疲倦地处理重复性工作，让人类投入到附加值更高的工作中。

二、RPA 的功能和优势

RPA 是目前最受欢迎的人工智能应用技术之一，因为它允许企业在原有业务系统之上进行业务流程自动化的部署，对原有系统无须进行任何改造，是一种非侵入式技术。

RPA 主要的功能就是将工作信息与业务交互通过机器人按照预先设计的流程去执行。当工作信息与业务交互过多时，RPA 可以高效执行这些复杂的流程，节约人工成本。用户可以通过拖动各种封装好的控件，进行简单的操作生成自动化流程，在计算机上实现浏览器应用程序自动鼠标单击、键盘输入、Excel 操作、数据处理、定时执行、自动生成界面交互等操作。

RPA 相对于人工进行大量重复操作，具有 8 大优势，具体如下：

（1）效率高：和人工相比，RPA 可以不间断处理大量重复工作，且能够做到准确、高效；

（2）成本低：和人工成本相比，RPA 实施成本低，维护成本依赖于运行环境，整体成本比人工成本要低得多；

（3）速度快：和人工相比，RPA 不间断处理大量重复工作速度快，而且 RPA 实施的速度也比其他软件要快；

（4）见效快：和人工相比，RPA 处理大量重复工作准确度更高，整个过程有完整、全面的"按键"审核记录，保证了合规性，并有效控制了业务风险；

（5）态度优：和人工相比，RPA 可以 7×24 小时不间断工作，而且不闹"情绪"，"态度"始终如一；

（6）准确性：RPA 能够提供最大程度的准确性，可毫无错误地执行任务，每次皆可达到 100%的准确性；

（7）安全性：RPA 可通过职责分离、存取控制，以及强大的加密技术与铜墙铁壁般的架构，实现前所未有的安全性；

（8）合规性：RPA 的一项特长是遵守规则。RPA 让软件机器人自动处理大量重复的、基于规则的工作流程任务。例如，在企业的业务流程中，通常有纸质文件录入、证件票据验证、从电子邮件和文档中提取数据、跨系统数据迁移、企业 IT 应用自动操作等，这类有明确规则和步骤的工作非常适合 RPA 应用。

RPA 是一个新工具，供业务人员使用，就像 Office 办公软件一样，未来可能成为业务人员的一种常用工具。RPA 更是一种新兴职业，其可以帮助形成多种新的工作职位，RPA 能够让不会写代码的非程序员拥有了使流程自动化的能力。相信在不久的未来，RPA 也能普及，成为每个人都会使用的工具。

三、RPA 的适用范围和实施过程

1. RPA 的适用范围

在使用 RPA 自动化拆解业务场景之前，有许多因素需要考虑。虽然 RPA 已经能够被应用到许多业务场景，但并不是所有业务流程都适合 RPA 自动化。国内外的权威资料指出，RPA 在选择业务流程实现自动化时，主要基于以下几个标准。

（1）业务流程必须基于明确的规则。流程必须有明确的、可被数字化的触发指令和输入命令，不得出现无法提前定义的例外情况。RPA 快速且高效，但是这种高效是建立在规则明确、流程确定的基础之上的，如果存在错误的规则，或是规则一直处于不断变化之中，那么采用 RPA 机器人可能会发生错误。如果一个业务流程需要复杂且模糊的判断逻辑，RPA 机器人是无法完全取代人工进行判断的，这种情况下就需要人工干预。

（2）业务流程的可重复性。RPA 适合的流程必须是高重复性的，因为开发一个流程本身就需要相当长的时间和较高的成本，如果一个流程只是一次性的或者使用频率极低，那原本的时间成本和人工成本也就显得不太重要了，相反，如果一个流程是高重复性的，那原本的时间成本和人工成本就显得非常重要了，而且 RPA 发挥的重要性也就更加明显了。这样也可以在最短时间内搜集足量的测试数据，缩短我们的开发周期。

（3）数据输入或中间数据的可识别性。业务流程中的输入数据应该是可复制的数字化类型。如果在自动化流程中遇到处理图片信息的情况，可以使用 RPA 相关联的技术（OCR 视觉识别）来处理。需要注意的是这些技术目前是有边界的，不一定能处理特定的复杂场景，如图片字体模糊、提取复杂的逻辑表格等。

（4）业务系统的稳定性。RPA 是通过与用户界面交互的方式来整合不同的系统，RPA 最常操作的就是各种软件、客户端或者浏览器（某个网站），我们需要页面的元素去定位要操作的组件，如果用户界面经常发生改变，那我们的流程也就要跟着改变，这样就会加大流程的维护成本。如果一个业务流程本身也是经常改变的，那它同样不适合用 RPA 实现。所以，一般建议在稳定的系统上开发 RPA 流程。

2. RPA 的实施过程

RPA 的实施过程包括启动阶段、探索阶段、设计阶段、开发阶段、测试优化和交付生产过程，如图 1-1 所示。

启动阶段 → 探索阶段 → 设计阶段 → 开发阶段 → 测试优化 → 交付生产

图 1-1　RPA 的实施过程

（1）启动阶段：做好项目前期的一些准备工作，比如组建项目团队、划分责任、确定实施的自动化范围、预测项目收益、规划项目周期等。

（2）探索阶段：根据实施的自动化范围设计用户流程、收集用户详细需求、优化流程、分析识别障碍与风险。

（3）设计阶段：RPA 的整体设计框架可以分为需求衔接、参数配置、风控与回滚机制、结构化开发、新需求承接、维护和纠错等因素，不仅仅要考虑业务流程的实现和稳定，还要考虑未来的可延展性和变更。

（4）开发阶段：包括设计开发者文档、工作流设计、设计任务清单等。为了确保项目的顺利落地和后期运维的便利性，实施团队需要设立一套 RPA 开发规范与标准，从注释、日志、排版、目录、版本、命名等多个维度出发，应用在整个项目进程中，从而提高项目的效率和质量。在整个 RPA 的设计和开发环节中，还需要考虑 RPA 实际运行过程中的安全性。

（5）测试优化：包括情景测试计划和设置、用户测试反馈等。企业要注意定期测试以及确保数据安全。企业需要定期测试这些自动化工具，以发现并解决任何缺陷。此外，企业可能会因为匆忙实现 RPA 流程自动化而忽略了一些问题，以至于对数据、信息的安全性缺乏足够的重视。

（6）交付生产：包括上线、培训、编写用户操作手册等。从 RPA 机器人开发到投入生产环境，企业需要有相应的策略，应包括 RPA 解决方案管理、运营模式、组织结构和变更管理计划。

四、RPA 的发展阶段

RPA 经历了四个阶段的发展，前三个阶段 RPA 不涉及决策层，只是帮助人执行预先定义好的流程，需要人在初始化和运行的过程中参与监控，确保 RPA 实施的准确性。

1. 第一个阶段 RPA 1.0

RPA 1.0 可以理解为辅助人工，即简单地辅助人完成一些基础数据录入和文件打开类的标准化桌面工作，整个工作过程离不开人工干预，RPA 无法自动执行，效果往往是辅助单个员工提升较小幅度的工作效率。

2. 第二个阶段 RPA 2.0

RPA 2.0 可以实现端到端的自动化，让多部门的业务合作自动化成为现实。同时，RPA 机器人可以 7×24 小时不间断工作，并用业务流程代替了人机交互，释放出更多的应用可能。RPA 可以部署在 PC 端和虚拟机上，能够编排工作内容，集中化管理机器人、分析机器人的表现等。这个阶段的缺点是 RPA 的工作仍然需要人工的控制和管理。

3. 第三个阶段 RPA 3.0

RPA 3.0 可以理解为增强智能 RPA，也就是当前的 RPA 阶段，它具备基于流程的自动化处理能力，具备机器人的调度能力，甚至具备一定的高级分析能力，它可以与 ERP（Enterprise Resource Planning，企业资源计划）、BPM（Business Process Management，业务流程管理）等业务应用系统进行集成，甚至可以部署在云端上。但是它无法对非结构化的业务数据进行处理。

4. 第四个阶段 RPA 4.0

AI 即人工智能，是研究、开发用于模拟、延伸和扩展人的智能的理论、方法、技术及应用系统的一门新的技术科学。AI 结合机器学习和深度学习，具有很强的自主学习能力，其 OCR（Optical Character Recognition，光学字符识别）、NLP（Natural Language Processing，自然语言处理）、语音识别等技术让 RPA 拥有认知能力，可以通过大数据不断矫正自己的行为，从而有智能决策和智能运筹能力。

RPA 4.0 可以理解为将 RPA 与 AI 等技术相结合，通过机器人深度学习、图像识别技术和语音交互技术，实现非结构化数据以及纸质单据的处理功能，进行高级别的预测分析。

随着 AI 技术的日益成熟，AI 与 RPA 的结合越发深入。RPA 和 AI 有效结合后能够进行复杂场景的智能决策，其功能更加完善，应用场景更加广泛，适用范围更广，RPA 机器人更加智能。

五、主流 RPA 厂商介绍

1. UiPath

UiPath 由罗马尼亚企业家丹尼斯·迪恩斯和其伙伴于 2005 年成立。该公司总部位于罗马尼亚布加勒斯特，后来在伦敦、纽约、班加罗尔、巴黎、新加坡、华盛顿特区和东京开设了办事处，2021 年 4 月 21 日在美国纽交所上市。在 2022 年高德纳发布的《机器人流程自动化魔力象限》报告中显示，UiPath 处于 RPA 领域领导者地位，如图 1-2 所示。

2. Blue Prism

Blue Prism 从 2001 年成立就一直致力于 RPA 产品的研发与升级，客观地讲，RPA 和数字化劳动力的概念均是 Blue Prism 率先提出的。Blue Prism 的成长伴随着欧洲金融行业的发展，Blue Prism 不断优化和改进产品，最终推出 Connected-RPA 智能化机器人平台。Blue Prism 于 2016 年 3 月 18 日登陆伦敦证券交易所，是全球三大 RPA 厂商之一。

3. Automation Anywhere

Automation Anywhere 成立于 2003 年，是数字化劳动力的 RPA 先驱者和全球领导者，业务范围覆盖全球 90 多个国家和地区，服务超过 1 100 多家企业客户，包括谷歌、领英、西门子、戴尔、万事达等大型企业。Automation Anywhere 与另外两家 RPA 公司——UiPath 和 Blue Prism，共同组成了全球 RPA 行业的第一梯队。

图 1-2　2022 年高德纳《机器人流程自动化魔力象限》

4. 华为

2022 年 4 月 15 日，华为 WeAutomate 正式发布。WeAutomate 产品定位就是作平台、建能力，旨在通过数字员工，塑造新的工作模式，帮助政企实现流程自动化，加速政企数字化转型和智能化升级。华为发展智能自动化的理念是服务于人，提高人的工作效率和生活品质，华为 WeAutomate 通过"自动化+"的方式，将 RPA 与智能化、云化、低代码开发平台进行整合，构筑更强的智能自动化能力。在产品架构上，华为建立了整合的智能自动化平台，并通过与客户、伙伴和开发者合作一起发展自动化业务，降低了智能自动化的使用门槛，让每个人、每个家庭、每个组织拥有平等获取和使用新技术的机会。

5. 来也

北京来也网络科技有限公司（以下简称来也科技）创办于 2015 年，来也科技通过 RPA+AI 打造的智能自动化产品来也 UiBot 已成功应用于金融、电力、制造、电信、零售、地产和医疗等数十个行业，服务近百家知名企业，数十个省市政府以及上千家中小企业客户。来也 UiBot 赋能的业务场景众多，包括财务、人力资源、法务、IT 运维、电网、运营商、营销、客服等十多个业务场景。来也科技现拥有 200 多项国内外发明专利申请和 20 多项授权专利。

6. 云扩科技

云扩科技是 RPA 领域的创新领军者，致力于构建业界领先的超自动化平台，助力企业提升智能生产力，加速数字化转型。

公司以自研的云扩 RPA 为核心，致力于为各行业客户提供智能的 RPA 机器人产品与解决方案，持续为客户创造价值，助力企业推进数字化转型。目前云扩科技拥有数百名员工，在上海、北京、深圳、杭州、西安、苏州及日本东京均设有分公司及研发中心。公司已服务了来自金融、能源、电信、财税、制造、物流、零售等多个行业的上百家企业，始终坚持围绕客户需求持续创新，加大产品研发投入，为客户提供有竞争力、安全可信赖的 RPA 产品以及更智能的流程自动化解决方案。

 **任务实施**

一、企业财务转型的趋势

企业数字化转型的核心是对数据价值的充分挖掘和运用，以创造新的生产力。随着财务职能的不断拓展，未来财务转型将呈现以下趋势。

1. 挖掘数据价值，提供决策支持

在大数据时代，市场环境变幻莫测，越来越多企业开始将数据作为企业的重要资产和生产资料。财务部门应充分运用企业内部和外部的各类信息，从数据中发现规律，挖掘价值，为企业制定战略提供财务评价信息、实时经营信息、动态预测信息等，以便更好地以数据为基础加强对未来的预判，为决策提供支持。

2. 加快业财融合，提供业务支持

财务是企业信息循环的重要组成部分。财务要与业务保持同步发展，除了变得更加敏捷之外，别无选择。数字化转型为财务提供了自动化工具，使财务能更高效、及时地采集信息、加工信息、报告信息，同时也使财务更好地与业务循环、管理循环相融合，面向业务经营过程，提供财务支持。

3. 提升流程效率，防范财务风险

财务转型使财务人员从机械、高频且重复的基础工作中解放出来，去从事更有价值、更具创造性的工作，在提高流程处理速度的同时，还能保证质量，提升效率。

二、RPA 财务机器人的应用

财务部门作为企业的核心职能部门，记录着企业所有的交易行为和信息往来，是企业天然的数据中心。财务是一个规则性极强的领域，在业务流程中存在大量任务需要人工机械、重复地执行。票据接收、审核、报表出具等都是基于标准化规则的基础工作，财务人员往往需要为此进行大量的计算、核对、验证等操作，从而导致出错率和人力成本显著增加。

随着财务数智化程度的不断提升，数据来源更加全面，可追溯性更强。利用 RPA 技术减少人工操作环节，可以避免人为疏漏，保证准确率，有效防范财务风险。

RPA 财务机器人具有灵活的扩展性和"非侵入性"，可在不改变企业原有 IT 及自动化系统处理逻辑的情况下，模拟人在计算机上不同系统间的操作行为，代替人工自动采集、处理数据等，使企业 60%～70%的财务工作实现机器人流程自动化与半自动化，极大地提升了工作效率，促进财务转型。

在 RPA 财务机器人的协助下，财务实时决策和分析将成为企业新的价值增长点。财务部门化身分析智囊团，为企业决策提供智能预测，发现竞争优势，识别业务风险和机遇。

任务二　华为 WeAutomate 机器人安装及介绍

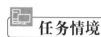

任务情境

本书以华为 WeAutomate_Studio_Education（教育版）为工具，利用它的图形化界面与编程功能，设计自动化流程。

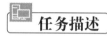

任务描述

使用本书提供的华为 WeAutomate（教育版）安装包文件，安装并激活程序。

> **注意**
>
> 华为 WeAutomate（教育版）只能安装在 64 位操作系统的计算机上，安装前，请务必退出计算机杀毒软件、防火墙等安全防护软件。

知识要点

华为 RPA 平台的组件由设计器（Studio）、执行器（Robot）、管理中心（Management Center）组成，它们的关系就像电影编剧、导演和演员的关系，如图 1-3 所示。

- ◆ 设计器根据项目需求，设计和实现 RPA 自动化脚本（类似于编剧设定场景和对白）。
- ◆ 执行器负责执行设计器设计好的自动化脚本（类似于演员根据剧本完成表演）。
- ◆ 管理中心负责调度和编排各个自动化脚本（类似于导演现场调度演员的表演）。

1. 设计器

设计器，即 RPA 机器人设计工具，为用户设计机器人业务流程。

设计器是基于 Python 语言的流程自动化设计器，用户只需要掌握基本的编程知识，即可快速设计和编写自动化工作流程。在设计器中，可以使用内置录制器，或通过拖放操作，以可视化的方式构建自动化流程。设计器自带执行器功能，可以方便地通过图形化界面触发业务流程的执行。

2. 执行器

执行器即 RPA 执行机器人，用于业务流程的自动化执行。

执行器可以执行本地计算机的自动化流程包，也可以接收管理中心的命令执行相应的自动化流程包。自动化流程包由设计器设计和发布，执行器就是一个计算机助手，随时待命执行编排好的流程。

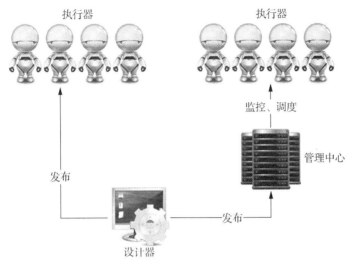

图 1-3　华为 RPA 平台

3. 管理中心

管理中心是一个集中调度、管理和监控所有执行器的平台。管理中心也是存储可重用组件、资产，以及进行任务管理和配置执行器的地方，管理中心提供低代码 App 开发平台，可以很方便地设计人机交互的场景。

任务实施

华为 WeAutomate_Studio_Education（教育版）的安装、激活过程如下。

（1）打开从 RPA 财务机器人开发与应用平台（或华为云官网）下载的 WeAutomate_Studio_Education 压缩文件，进行文件解压，如图 1-4 所示。

图 1-4　解压安装文件压缩包

（2）在解压后的文件夹中打开 WeAutomate_Studio_Education_2.18.0.exe 文件，如图 1-5 所示。

图 1-5　打开安装程序

（3）系统弹出图 1-6 所示的对话框，默认选择"中文（简体）"，单击"OK"按钮。

图 1-6　选择安装语言

（4）在打开的安装向导界面中，单击"下一步"按钮，如图 1-7 所示。

图 1-7　安装向导界面

（5）在"自定义资产包证书公用名（CN）"界面保持默认设置，单击"下一步"按钮，如图 1-8 所示。

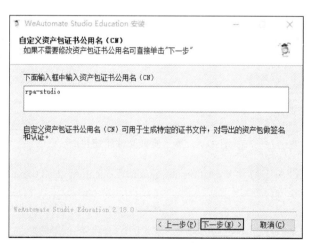

图 1-8　"自定义资产包证书公用名（CN）"界面

（6）在"隐私数据使用协议"界面，勾选"我同意'隐私数据使用协议'中的条款（Accept）"选项，单击"下一步"按钮，如图 1-9 所示。

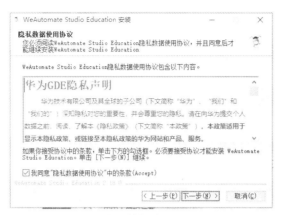

图1-9 "隐私数据使用协议"界面

（7）设置"目标文件夹"的保存路径，单击"安装"按钮，如图1-10所示。

图1-10 设置"目标文件夹"的保存路径

（8）勾选"运行WeAutomate Studio Education（R）"选项，单击"完成"按钮，如图1-11所示。

图1-11 完成界面

（9）如果出现图1-12所示的界面，证明已经安装成功，程序正在加载过程中。

图 1-12　程序加载

（10）加载完毕后，在"选择配置文件"窗口，默认选择为"Studio"选项，保留默认设置，如图 1-13 所示。

图 1-13　"选择配置文件"窗口

（11）激活许可。注册华为云账号后，登录账号，单击"官网链接"进入官网"HiLens 管理控制台"—"工具/插件（Beta）"—"华为 RPA-WeAutomate 工具"，单击"试用激活"按钮，如图 1-14 所示。

 注意

注册华为云账号后方可登录。

图 1-14　激活许可

（12）打开华为 WeAutomate 设计器，在"设置"—"许可"—"申请许可"中生成 ESN 码并复制，然后将此 ESN 码粘贴到官网控制台"试用激活"的"ESN"处，如图 1-15 所示。

图 1-15 下载许可文件

（13）回到 WeAutomate 设计器的"申请许可"页面，单击"导入"按钮，在弹出的"打开"对话框中，选择上一步下载的"许可文件"，单击"打开"按钮，如图 1-16 所示。

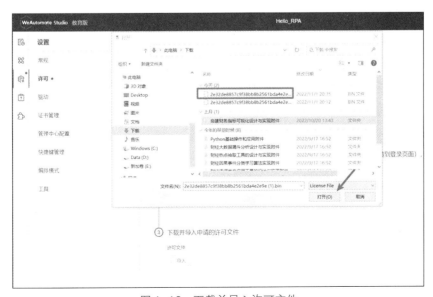

图 1-16 下载并导入许可文件

当"下载并导入申请的许可文件"下方显示"已导入许可证"的提示后，即完成了华为 WeAutomate_Studio_Education（教育版）的下载安装及激活许可，如图 1-17 所示。

图 1-17　完成下载安装及激活许可

注意

　　激活的独立许可证有效期为 3 个月，到期后需要再次激活方可使用。

任务三　熟悉华为 WeAutomate 设计器界面

任务情境

　　打开华为 WeAutomate 设计器，动手开发自己的第一个机器人程序。

任务描述

　　请在计算机桌面上弹出一个消息窗口，输出"Hello World!我的第一个机器人程序。"。具体过程如下：创建一个新项目，放在计算机桌面上，命名为"Hello_RPA"；新建脚本"我的第一个机器人程序"，添加［消息窗口］控件，在消息框中输入"Hello World!我的第一个机器人程序。"；运行设计好的脚本，观察运行结果。

知识要点

　　华为 WeAutomate 设计器界面整体布局如图 1-18 所示。

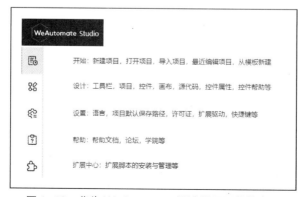

图 1-18　华为 WeAutomate 设计器界面整体布局

一、开始界面

1. 新建项目

单击设计器界面左侧导航栏的 图标，然后单击"新建项目"按钮，弹出"新建项目"对话框，在这里可以设置新建项目的名称和保存路径，如图 1-19 所示。

> **注意**
>
> 项目名称应该以字母或中文开头，且只能使用中文、字母、数字及下画线。在"保存路径"处可按默认设置保存。

图 1-19 新建项目

2. 打开项目

单击"打开项目"按钮，弹出"选择文件夹"对话框。在选择项目文件夹时，不要双击进入文件夹内部，而应当选中文件夹，然后单击下方的"选择文件夹"按钮，如图 1-20 所示。

图 1-20 打开项目

3. 其他项目操作

如图 1-21 所示，用户还可以选择最近编辑的项目、从模板新建和导入项目三种操作方式。

（1）最近编辑的项目：即直接打开最近编辑的项目。

（2）从模板新建：即利用现有的模板新建项目。

（3）导入项目：即导入已发布的项目，只支持.zip 和.gdk 文件。

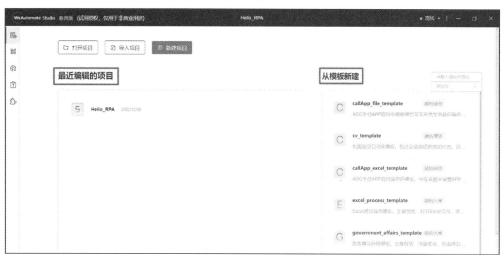

图 1-21　其他项目操作

二、设计界面

设计界面如图 1-22 所示。

1. 菜单栏

菜单栏主要包括以下命令选项。

◆ UI 录制：录制用户对 Web、桌面、应用程序等的操作步骤，自动生成脚本。

◆ 运行：运行脚本，查看运行结果。

◆ 调试：调试脚本，可以查看每一个步骤的结果。

◆ 保存：保存脚本文件。

◆ 发布：发布脚本文件，供其他用户或执行器使用。

图 1-22　设计界面

2. 项目、控件和属性面板

（1）在设计界面，选择"项目"面板下的"Main"选项，单击鼠标右键，从弹出的菜单中选择"创建脚本"选项，即可创建一个新的脚本，如图 1-23 所示。注意：脚本名称不能包含非法字符（/、*、$、?、<、>、|等），不能只有空格等。

图 1-23　创建脚本

（2）控件（Action）是完成项目开发的主要组成部分，主要代表一些动作，如单击、输入、弹出消息框等。在"控件"面板（见图 1-24）下，用户可以通过搜索功能快速找到需要的控件，并使用鼠标将其拖动到画布中。

图 1-24　"控件"面板

（3）在"属性"面板中会显示控件需要设置的各项参数以及控件的输出结果，如图 1-25 所示。

图 1-25 "属性"面板

（4）在"Main"面板下，可以选择"画布"和"源代码"两种样式。用户在画布中可以添加控件、设计脚本。

用户还可以通过"自动布局"按钮 ⬤ 切换是否自动布局画布，如图 1-26 所示。开启"自动布局"功能，控件将自动从上向下排列；关闭"自动布局"功能，用户可以自由设置控件的位置。

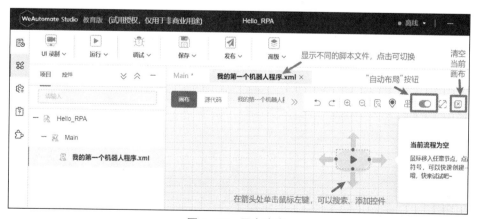

图 1-26 画布内容

（5）"Main"面板的底部工具栏包括日志、变量、参数等设置选项，如图 1-27 所示。其中，选择"日志"选项，可以显示脚本的运行过程记录，并且可以定位到错误的控件。

图 1-27 "Main"面板的底部工具栏

3. messageBox-［消息窗口］控件

messageBox-［消息窗口］控件运行时，系统会弹出一个消息框，向用户展示预设的信息。其"属性"面板的内容如图 1-28 所示。注意：当输入内容有字符串时，无须再添加英文双引号。

◆ 消息框内容：运行时要展示的信息，必填。

◆ 标题：弹出的消息框显示的标题，选填。

◆ 返回值：返回已按下按钮的结果，"确认"按钮的返回值为"ok"，"取消"按钮的返回值为"cancel"。

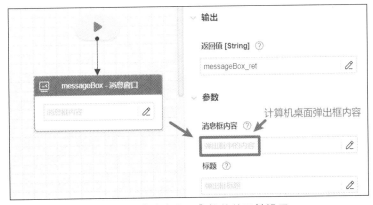

图 1-28 ［消息窗口］控件的属性设置

任务实施

一、流程设计

根据任务情境，RPA 流程设计如表 1-1 所示。

表 1-1   RPA 流程设计

序号	步骤	活动	注意事项
1	新建项目，新建脚本	打开华为 WeAutomate 设计器，新建项目，输入"Hello_RPA"； 新建脚本，输入"我的第一个机器人程序"	选择"项目"面板下的"Main"选项，单击鼠标右键，新建脚本
2	［消息窗口］设置	输入消息框内容	在输入字符串时，无须添加英文双引号
3	运行程序	单击"运行"按钮 ▸	

二、操作过程

（1）打开华为 WeAutomate 设计器，新建项目，命名为"Hello_RPA"。新建脚本，输入"我的第一个机器人程序"（见图 1-29）。

图 1-29   新建项目和脚本

（2）在"消息框内容"中输入文本"Hello World!我的第一个机器人程序。"（见图 1-30）。

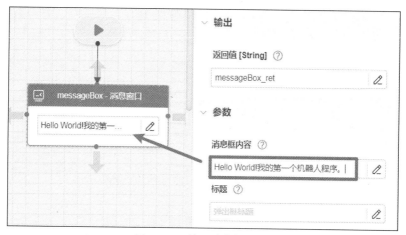

图 1-30   输入消息框内容

（3）单击"运行"按钮 ▸，桌面弹出消息窗口，显示"Hello World!我的第一个机器人程序。"（见图 1-31）。此时，用户可以在日志中查看机器人运行状态。

图 1-31　运行程序

📖 **前沿资讯**

中国数字化转型为全球带来机遇

党的二十大报告明确提出：全面推动中国式现代化，加快建设数字中国，加快发展数字经济。国际社会应利用好信息技术，加速数字化转型，中国以数字化赋能产业引人瞩目，为全球发展带来机遇。

一、全球产业链数字化大大提速，带来新机遇

当今很多国家已经将数字经济视为未来经济增长的重要引擎。2020 年，塞尔维亚全年线上销售额同比增长近一倍，波兰非现金支付次数首超现金支付次数，中东欧国家整体加强了掌上政务、电子税务等方面的政府数字化转型。

在中国企业的深度参与下，拉美电子商务和数字支付业务正快速增长。阿根廷 2020 年电子支付业务金额涨幅达 29%，手机扫码支付占比增至 54.3%。

二、中国在数字经济领域的发展保持领先

"十四五"规划和 2035 年远景目标纲要明确提出"加快数字化发展""建设数字中国"。在中国，从舌尖到指尖、从田间到车间、从地下到天上……"数字生活"已是现在进行时。数据显示，我国数字经济总量居世界第二，已建成全球规模最大的光纤网络和 4G 网络，数字中国建设硕果累累。

意大利前经济发展部副部长米凯莱·杰拉奇认为，中国数字化基础设施建设逐渐完善，数字经济得到长足发展。意大利可以从中国数字经济的发展中借鉴经验，比如推进移动支付、共享经济等，让经济结构更多元。

西班牙 IE 大学教授迈克·温德洛斯表示："中国在数字经济领域的发展保持领先。这也有助于中国在 2020 年成为全球唯一实现经济正增长的主要经济体。"

南非约翰内斯堡大学非洲-中国研究中心高级研究员科菲·库阿库认为，数字技术为国家治理、经济发展提供了新的可能。数字经济展现出强大的抗冲击能力和发展韧性，推动中国经济去年实现逆势增长。

多国政要参加博鳌亚洲论坛 2021 年年会时认为，中国是全球最大的数字消费市场，数字经济不仅深刻改变了中国人的生产生活方式，也为世界打开了新视野。中国提出打造"数字丝绸之路"，推动各国在数字经济、人工智能、纳米技术、量子计算机等前沿领域合作，体现出中国领导人对世界经济发展趋势的精确判断。

想要在市场中立于不败之地，必须了解市场、果断行动、持续创新，这使得中国企业得以不断发展。同时，中国政府规划清晰，领导力强，确保中国在数字化转型中始终引领世界。展望未来，中国企业的竞争力会越来越强，为全球数字化转型作出更大贡献。

（资料来源：《人民日报》，有改动，2021 年 6 月 13 日）

 课后练习

一、单选题

1. RPA 是机器人流程自动化英文名称的缩写，其英文全称是（　　）。

    A. Robotic Process Automation
    B. Robot Process Automation
    C. Robotic Process Argument
    D. Robot Process Argument

2. RPA 擅长处理大量重复性高、规则明确的基础业务，下列业务中不适合使用 RPA 来处理的是（　　）。

    A. 大量邮件附件读取与下载
    B. 网银付款申请单的录入
    C. 增值税发票查验真伪
    D. 投资决策

3. 下列选项中，关于使用华为 WeAutomate 设计器开发机器人表述正确的是（　　）。

    A. 不需要任何计算机编程基础
    B. RPA 是一种侵入性技术
    C. 需要改变原有的系统内部结构
    D. 消息窗口输入的字符串无须使用引号

4. 在华为 WeAutomate 设计器中，向画布中添加控件时，一般要去（　　）查找。

    A. 属性面板
    B. 控件面板
    C. 项目面板
    D. 日志面板

二、简答题

1. 简述 RPA 技术特点。

2. RPA 技术有哪些优势和局限？

3. RPA 实施的标准有哪些？以华为 WeAutomate 为例，简述 RPA 的实施过程。

三、操作题

1. 在个人计算机上安装注册华为 WeAutomate_Studio_Education（教育版）软件。

2. 新建一个项目，在 Main 脚本中使用 ［消息窗口］控件，输出"你好，世界！"。

RPA 基础应用

- 知识目标
  1. 掌握 RPA 基本控件的用法
  2. 掌握变量、数据类型、运算符的基本用法
  3. 掌握分支和循环的基本用法
- 能力目标
  1. 能正确使用变量
  2. 能运用 RPA 处理基本的流程
- 素养目标
  1. 具备良好的逻辑思维能力
  2. 具备良好的自主学习能力和实操能力
  3. 具备良好的职业道德与敬业精神

RPA 开发与应用本质还是属于软件工程师的工作范畴，本模块将通过示例，介绍华为 WeAutomate 设计器的基础应用，开启 RPA 应用大门，展示 RPA 的魅力。

任务一　财务风险判断机器人

任务情境

资产负债率是用来衡量企业利用债权人提供的资金进行经营活动的能力，是反映债权人发放贷款的安全程度指标。基金公司分析人员小王需要通过资产负债率判断、分析多个公司的财务风险状况，并从中筛选出财务风险较低的公司进一步考察。

任务描述

小王要设计一个 RPA 财务机器人，当他输入的资产负债率数值高于 60%或者低于 40%时，能够提示风险，其余则提示正常。

 **知识要点**

一、变量

1. 变量的含义

变量是对某个数据内容、表达式、控件的运行结果进行存储，它扮演着重要的数据传递角色，是数据传递的"盒子"。

在大多数情况下，引用（使用）变量时，应当输入在"@{ }"中。但在［运行 python 表达式］中，可以直接使用变量名称，无须添加"@{ }"。

2. 变量的命名

变量名可以包括字母、数字、下画线，但是数字不能作为开头。变量名不能使用中文字符，除了下画线以外，其他符号都不能作为变量名使用。变量命名应该遵循公认的标识原则，以方便代码阅读，如文件可命名为"file"，姓名可命名为"name"等。在一个脚本文件中，变量名称不能重复，否则会引起错误的结果。

3. 变量的数据类型

变量类型（数据类型）用于确定数据的存放方式和占用内存的大小。在对变量进行赋值时，系统会自动识别变量的类型，无须特别指定。常见的数据类型如表 2-1 所示。

表 2-1　　　　　　　　　　　　　　常见的数据类型

常见的数据类型	含义	示例
string/str（字符串）	表示一串文本	"正保—网中网"
int（整数）	用于存储整数	1、2、3
float（浮点数）	用于存储浮点数	3.141 592 6、54.67
list（列表）	一系列元素的集合，元素可以是字符串、整数等各种类型	["你","他",1,2]
dic（字典）	由键值对组成的一系列元素	{ "Name":"Jessica","Number":34 }
boolean（布尔型）	包括 True 或 False，也可以用 1、0 来表示	True、False
DataFrame（表格）	用于存储二维数据结构,具有行和列的属性	有行和列的数据表
object（对象）	通用型，可以指任何对象	

二、运算符

1. 算术运算符

常见的算术运算符如表 2-2 所示。

表 2-2   算术运算符

运算符	含义
+	两个数相加，或是字符串连接
-	两个数相减
*	两个数相乘，或是返回一个重复若干次的字符串
/	两个数相除，结果为浮点数（小数）
//	两个数相除，结果为向下取整的整数
%	取模，返回两个数相除的余数
**	幂运算，返回乘方结果

2. 字符串运算符

字符串运算符是用于两个字符串类型数据之间的运算符，若 a 表示字符串"Hello"，b 表示字符串"RPA"，则 a、b 之间的运算关系如表 2-3 所示。

表 2-3   字符串运算符

运算符	含义	示例
+	字符串连接	a+b=HelloRPA
*	重复输出字符串	a*2=HelloHello
[ ]	通过索引获取字符串中的字符	a［1］=e
[:]	截取字符串中的一部分	a［1:4］=ell
in	成员运算符，如果字符串中包含给定的字符返回 True	H in a=True
not in	成员运算符，如果字符串中不包含给定的字符返回 True	M not in a=True

3. 数据类型的转换

不同的数据类型之间是不能进行运算的，所以需要对数据类型进行转换。华为 WeAutomate 中的数据类型转换有两种，一种是自动类型转换，即 RPA 在计算中会自动地将不同类型的数据转换为同类型的数据进行运算；另一种是强制类型转换，我们需要根据不同的开发需求，强制地将一个数据类型转换成另一个数据类型，如表 2-4 所示。

表 2-4   数据类型强制转换

表达式	含义
int(x)	将对象 x 转换为一个整数
str(x)	将对象 x 转换为字符串
float(x)	将对象 x 转换为浮点数

三、变量命名的规范

目前，业界共有四种命名法则：帕斯卡命名法、驼峰命名法、匈牙利命名法和下画线命名法。在模块代码的开发过程中，要确保统一的文件命名以及注释的规范性，并且不能使用编程语言的保留字，如 if、while、ture、false 等。

1. 帕斯卡命名法

每一个单词的首字母都大写，如 FirstName、LastName。

2. 驼峰命名法

第一个单词以小写字母开始，后续单词的首字母大写，如 firstName、lastName。

3. 匈牙利命名法

匈牙利命名法基本原则是：变量名=属性+类型+对象描述，其中每一对象的名称都要求有明确含义，可以取对象名字全称或名字的一部分，要基于容易记忆和容易理解的原则。

4. 下画线命名法

下画线命名法与帕斯卡及驼峰命名法区别就是逻辑断点（单词）用的是下画线隔开。

 说明

> 本书使用驼峰命名法或者下画线命名法。

四、RPA 操作控件

1. eval –［运行 python 表达式］控件

［运行 python 表达式］控件的作用是把"表达式"处的内容或计算结果，赋值给"执行结果"处的变量，以便在其他控件中使用。当"表达式"处引用变量时，可以不加"@{ }"。支持的赋值内容包括：int（整数）、float（浮点数）、boolean（布尔型）、str（字符串）、list（列表）、tuple（元组）、dic（字典）、set（集合）、表达式计算、函数等。赋值内容为 str（字符串）类型时，必须加上英文双引号。［运行 python 表达式］控件的属性设置如图 2-1 所示。其中，"表达式"处应输入 python 语法下的表达式，必填；"执行结果"处应输入变量的名称，必填。

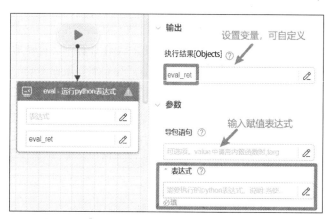

图 2-1 ［运行 python 表达式］控件的属性设置

2. system.simpleDialog –［输入对话框］控件

［输入对话框］控件的作用是弹出一个对话框，通过标签内容提示用户输入内容。该控件的属性设置如图 2-2 所示。"对话框内容"处应输入一个变量名称，必填。该变量用于存储用户输入的内容，必须是 str（字符串）类型，名称可修改。"输入标签内容"处应输入需要提示用户的信息，无须添加双引号，必填。

图 2-2　[输入对话框]控件的属性设置

3. If-[条件分支]控件

[条件分支]控件的作用是根据设置的条件输出布尔型的结果（True 或者 False）。当结果为 True 时，系统执行"True"方向的动作；当结果为 False 时，系统执行"False"方向的动作。其属性设置如图 2-3 所示。

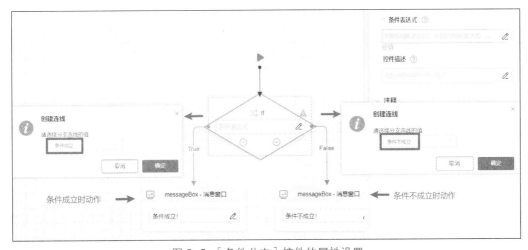

图 2-3　[条件分支]控件的属性设置

 **任务实施**

一、流程设计

根据任务情境描述，要完成工作任务，操作流程如图 2-4 所示。

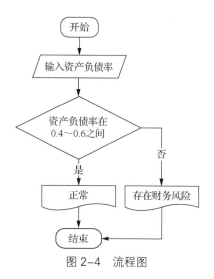

图 2-4　流程图

模拟人工操作，RPA 流程设计如表 2-5 所示。

表 2-5　　　　　　　　　　　　　　　　RPA 流程设计

序号	步骤	活动	注意事项
1	提示用户输入资产负债率	［输入对话框］	创建变量，注意要将字符串型变量转换为浮点型
2	添加条件判断	［条件分支］	判断标准
3	输出结果	［消息框］	

二、操作过程

（1）新建脚本，命名为"财务风险判断机器人"。在控件面板中搜索［输入对话框］控件，添加至"开始"　▶　的下方。在"输入标签内容"处输入"请输入资产负债率。"在"对话框内容"处设置变量 ratio，注意 ratio 默认是个字符串（str）类型的变量，具体如图 2-5 所示。

图 2-5　输入对话框

（2）在［输入对话框］控件下添加［运行 python 表达式］控件，设置其属性参数。在"表达式"处输入"float(ratio)"，"执行结果"处输入变量名"ratio"，将用户输入的资产负债率从默认的字符串类型转换成浮点类型，便于后面的数值比较运算，如图 2-6 所示。

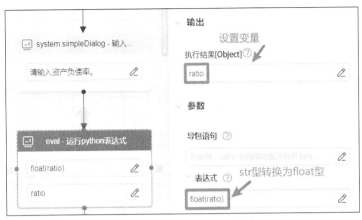

图 2-6　运行 python 表达式

（3）在控件面板内搜索［条件分支］控件，并添加到［运行 python 表达式］控件下方。在右侧"条件表达式"处输入条件"0.4<=ratio<=0.6"，如图 2-7 所示。

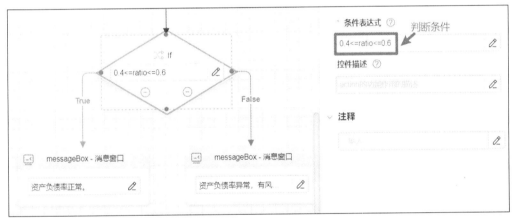

图 2-7　条件分支

（4）在结果为 True 下方添加［消息窗口］控件，在"创建连线"提示框中选择"条件成立"选项并单击"确定"按钮，设置消息窗口信息为"资产负债率正常。"（见图 2-8）。

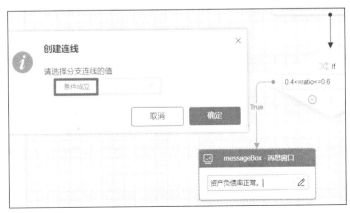

图 2-8　条件成立

反之，条件不成立，消息窗口信息设置为"资产负债率异常，有风险！"（见图 2-9）。

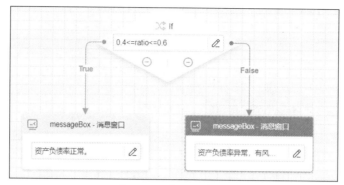

图 2-9　条件不成立

（5）单击"运行"按钮，计算机提示用户输入资产负债率，并给出相应的风险判断，如图 2-10 所示。

图 2-10　财务风险判断机器人运行结果

任务二　猜数字机器人

任务情境

　　猜数字游戏是一个古老的密码破译类、益智类小游戏，也是经典开发游戏之一。通常由两个人参与，一个人设置数字，另一个人猜数字，当猜数字的人说出一个数字，由出数字的人告知是否猜中。若猜测的数字大于设置的数字，出数字的人提示"很遗憾，你猜大了"；若猜测的数字小于设置的数字，出数字的人提示"很遗憾，你猜小了"；直至猜中设置的数字，出数字的人提示"恭喜，猜数成功"。

任务描述

　　使用计算机程序生成一个 1～10 的随机整数，然后提示用户输入一个猜测数：如果用户输入的数大于猜测数，系统提示"猜大了，请重猜!"；如果用户输入的数小于猜测数，系统提示"猜小了，请重猜!"，直至猜测准确，系统提示"恭喜你，猜对了!"。请设计一个 RPA 机器人完成此猜数字游戏。

 **知识要点**

一、RPA 操作控件

DoWhile–［条件循环］控件

［条件循环］控件的作用是选择执行"循环体"内的控件，再根据条件的结果（True 或者 False），确定之后的流程走向。其属性设置如图 2-11 所示。用户应在"条件表达式"处输入要判断的条件。

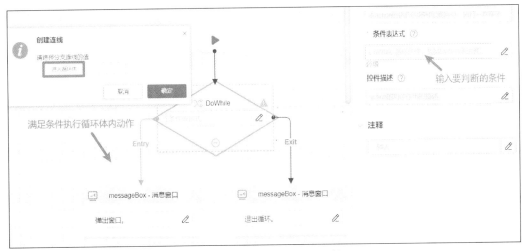

图 2-11　［条件循环］控件的属性设置

当条件表达式的结果为 True 时，执行"循环体"内的控件，执行完毕后再次判断设置的条件，若结果依旧为 True，继续执行"循环体"内的控件，不断循环，直至结果为 False。

当条件结果为 False 时，跳出"循环体"，执行"循环体"外的其他控件。

二、表达式 random.randint(x,y)

在程序编写的过程中，涉及一些非人控或者想要随机生成的情况，我们需要使用 random 随机函数标准库模块。random 随机函数主要用于快速生成随机数。random.randint(x,y)用于生成一个指定范围内的整数，其中，参数 x 是下限，参数 y 是上限，如图 2-12 所示。例如，表达式 random.randint(1,10)表示生成 1～10 的随机整数。

> ✏️ **注意**
> random 模块不是系统自带的模块，在使用前需要先导入。导入方法：import random。

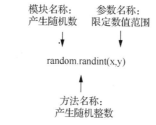

图 2-12 表达式 random.randint(x,y)

一、流程设计

根据任务情境和任务描述，可设计 RPA 流程如图 2-13 所示。

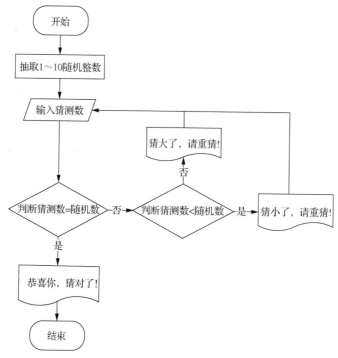

图 2-13 RPA 流程

根据 RPA 流程图，可设计具体的业务流程步骤如表 2-6 所示。

表 2-6　　　　　　　　　　　　　业务流程步骤

序号	步骤	活动	注意事项
1	设置随机数	［运行 python 表达式］	数据类型设置为整数
2	设置循环，提示用户输入猜测数，当猜测数不等于随机数时，循环成立	（1）［DoWhile］ （2）［输入对话框］	用户输入的数据类型默认为字符串，要转换成整数类型

续表

序号	步骤	活动	注意事项
3	判断猜测数是否小于随机数，如果是，输出"猜小了，请重猜!"，提示用户重新输入；如果否，再判断猜测数是否大于随机数，如果猜测数大于随机数，输出"猜大了，请重猜!"，提示用户重新输入	（1）［条件分支］ （2）［消息窗口］	条件成立与不成立
4	直至猜测正确，输出"恭喜你，猜对了!"	［消息窗口］	
5	跳出循环，提示用户游戏结束	［消息窗口］	

二、操作过程

（1）新建脚本，命名为"猜数字机器人"。在控件面板中搜索［运行python表达式］控件，添加至"开始" ▶ 的下方。设置属性参数，"导包语句"处输入"import random"，导入随机函数模块random；"表达式"处输入"random.randint(1,10)"，表示生成一个1~10的随机整数；"执行结果"处设置变量random_num（见图2-14）。

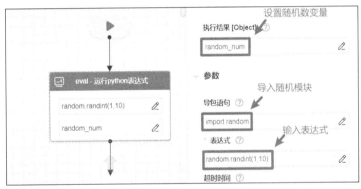

图2-14 运行python表达式（1）

（2）在［运行python表达式］控件下方添加［DoWhile］控件，并在"条件表达式"处输入"guess_num!=random_num"，设置循环条件（见图2-15）。

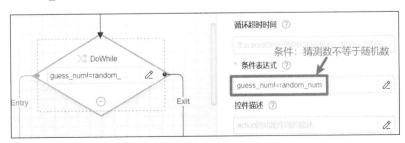

图2-15 条件循环

在［DoWhile］控件下方添加［输入对话框］控件，"进入循环体"单击"确定"按钮，设置

［输入对话框］控件的属性参数。"对话框内容"处输入变量名"guess_num"，注意它是一个字符串类型的变量（见图 2-16）。

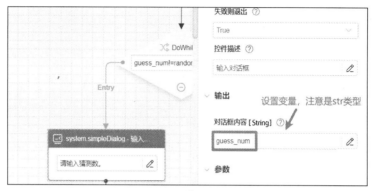

图 2-16　输入对话框

在［输入对话框］控件下方添加［运行 python 表达式］控件，"表达式"处输入"int(guess_num)"，表示将变量 guess_num 的类型由字符串类型转换成整数型（见图 2-17）。

图 2-17　运行 python 表达式（2）

（3）在［运行 python 表达式］控件下方添加［条件分支］控件，输入条件"guess_num<random_num"，然后在其下方添加一个［消息窗口］控件。在弹出的"创建连线"对话框中选择"条件成立"选项并单击"确定"按钮，将消息窗口信息设置为"猜小了，请重猜!"（见图 2-18）。

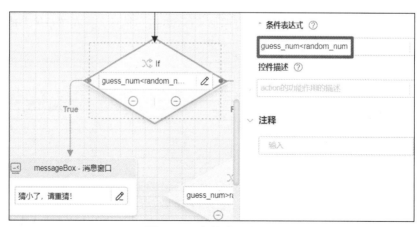

图 2-18　条件分支（1）

（4）单击［条件分支］控件另一端，即结果为 False 的一端，添加另一个［条件分支］控件。在弹出的"创建连线"对话框中选择"条件不成立"选项并单击"确定"按钮（见图 2-19）。

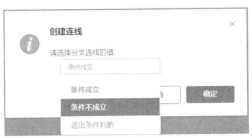

图 2-19　添加第二个［条件分支］控件弹出"创建连线"对话框

在第二个［条件分支］控件的"条件表达式"处输入"guess_num>random_num"，然后在其下添加一个［消息窗口］控件。在弹出的"创建连线"对话框中选择"条件成立"选项并单击"确定"按钮，将消息窗口信息设置为"猜大了，请重猜！"。

最后只剩下猜测数等于随机数的情况，在第二个［条件分支］控件右侧 False 端添加［消息窗口］控件，在弹出的"创建连线"对话框中选择"条件不成立"选项并单击"确定"按钮，将消息窗口信息设置为"恭喜你，猜对了！"（见图 2-20）。

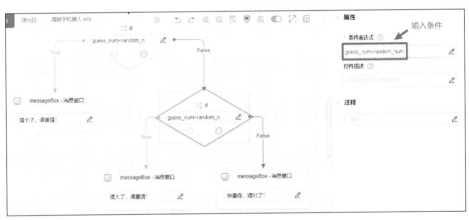

图 2-20　条件分支（2）

（5）回到上方的［DoWhile］条件循环，在控件右侧添加一个［消息窗口］控件，设置消息窗口信息为"游戏结束，谢谢参与！"（见图 2-21）。

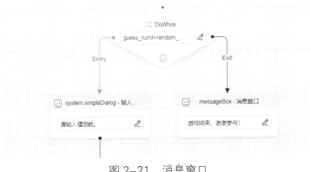

图 2-21　消息窗口

（6）运行猜数字机器人，根据输入结果，系统会给出相应的提示，输入的数字是大了还是小了，直至输入的数字和随机生成的数字一致，弹出"恭喜你，猜对了!"（见图 2-22），此时程序运行结束。

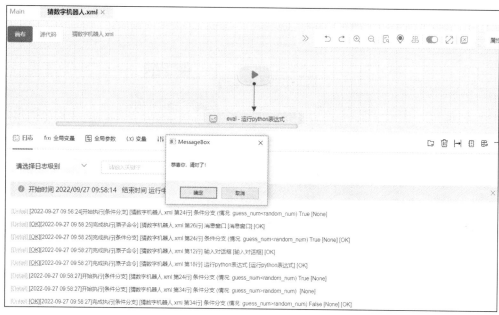

图 2-22　猜数字机器人运行结果

📖**前沿资讯**

为基层一线减负 国网山西电力成功试点"虚拟数字员工"

2021 年 4 月 20 日，国网山西省电力公司相关专家及技术攻关团队深入交城县供电公司，对在这里已经试点应用一个月的"虚拟数字员工"运行情况进行实地调研，结果表明，该技术非常成功，可大幅提高工作效率，减轻基层员工工作负担。

据悉，该"虚拟数字员工"技术深度集成知识图谱、语音识别、自然语言处理等人工智能技术，具有认知、理解、分析、对话能力，通过模拟人机交互行为，可完成识别、接触、通信、文本生成等任务，自动执行重复性的业务流程。本次在交城县供电公司试点应用的场景主要包含基层反映问题最集中的低压居民合同文本生成、台区可开放容量计算、线路日线损统计三个方面。结果显示，该"虚拟数字员工"技术不但工作效率高，平均每份低压居民合同文本信息处理仅需 15 秒，比传统的人工处理节省时间 385 秒，而且准确率也非常高，在目前已完成的交城县供电公司 1.8 万份低压居民合同文本生成方面差错率为零，极大地减轻了基层员工的工作量和劳动强度。人工计算每个台区的可开放容量大约需要 25 分钟，计算全公司 821 个台区数据需要 42 个工作日，"虚拟数字员工"计算每个台区数据需要 2 分钟，完成全部计算只需 3.42 个工作日，效率提升 92%。人工统计每日线损数据需要用时 30 分钟，每周需要 210 分钟，"虚拟数字员工"统计一周数据只需 2 分钟，效率提升 99%。

该技术攻关的项目负责人国网山西信通公司信息中心主任禹宁对"虚拟数字员工"技术的

推广应用充满信心，他认为，打造和应用机器人流程自动化、人工智能全融合的新技术，既顺应时代发展趋势，又符合电网业务发展需求，是一项势在必行的重要任务。目前，他和他的攻关团队正考虑将"虚拟数字员工"技术借助公司技术平台进行资源共享，以在更大范围内推广应用该技术，切实为广大基层员工减轻工作负担，助推各项工作高质量发展。

（资料来源：《人民日报》，有删减，2021年4月21日）

课后练习

一、单选题

1. 设 a=2，b=3，表达式 a<b and b>=3 值是（　　　　）。

    A. 1　　　　　　　B. 0　　　　　　　C. True　　　　　　D. False

2. 不同的数据，需要定义不同的数据类型，可用方括号"[ ]"来定义的是（　　　　）。

    A. 列表　　　　　B. 字符串　　　　　C. 集合　　　　　　D. 字典

3. 表达式 4**3=（　　　　）。

    A. 12　　　　　　B. 1　　　　　　　C. 64　　　　　　　D. 7

4. 下列数据类型中属于字符串类型的是（　　　　）。

    A. Number　　　　B. Boolean　　　　C. String　　　　　D. Array

5. 下列关于［运行python表达式］控件表述不正确的是（　　　　）。

    A. "执行结果"处将结果保存为变量，默认将返回值存储到变量 eval_ret 中

    B. "导包语句"为可选项，调用非内置函数时，需要导入相应的模块

    C. "表达式"处只能输入要执行的 Python 表达式

    D. 该控件可以把字符串、数值等内容赋值给变量

二、操作题

1. 用户输入第一个字符串"我爱你，"，再输入第二个字符串"中国！"，将两个字符串拼接到一起，并在消息窗口中输出。

2. 用户输入一个 1~10 的整数，机器人自动判断是奇数还是偶数，并将判断结果输出。

RPA 在财务中的应用：Excel 自动化处理

- **知识目标**
  1. 掌握 Excel 相关控件的操作方法
  2. 掌握列表数据类型的应用方法
  3. 掌握第三方模块的应用方法
- **能力目标**
  1. 能应用 RPA 复制粘贴 Excel 表格数据
  2. 能应用 RPA 自动处理 Excel 表格，如筛选、增加行、删除行等
- **素养目标**
  1. 培养良好的流程设计思维
  2. 遵循诚实守信的职业道德
  3. 具备正确的数据思维，良好的逻辑能力

企业日常对账、报表编制、工资单处理等都需要用到 Excel。例如，财务人员每个月要取得银行流水、银行财务数据，进行银行账和财务账的核对，并出具银行余额调节表；进行各项关账工作，如现金盘点、银行对账、销售收入确认、应收账款对账、关联方对账、应付款项对账；在不同系统、不同表格中采集数据，大量重复复制粘贴的动作，然后分类处理，生成报表……重复性的人工操作不仅耗费了大量的时间与人力成本，而且工作质量也得不到保障，效率较低。RPA可以学习人的操作规则，复制、回放人工操作的轨迹，将反复的人工操作自动化实现。

任务一 应用 RPA 复制粘贴数据

🖥 任务情境

北京网中网科技有限公司每个月的管理费用都由财务人员小李记录汇总，然后登记在一张Excel 月度报表上。每年年末，小李都要把每个月的月度管理费用数据复制粘贴到同一工作簿下的年度管理费用报表中，便于后期年度管理费用的分析与预测。

我们以 2021 年 2 月的数据为例，将 2 月的管理费用数据写入年度汇总表中 1 月数据的下方，如图 3-1 所示。

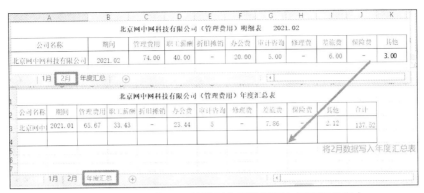

图3-1 将2021年2月的管理费用数据写入年度汇总表中

任务描述

请设计一个RPA财务机器人，要求其能够将月度数据写入年度汇总表中，并且能够打开同一工作簿下名为"2月"的管理费用明细表，将2月的明细数据复制粘贴到年度汇总表中1月数据的下方，然后保存并关闭工作簿。

> **注意**
> 在操作过程中不要覆盖原有的数据。

知识要点

一、Excel操作基本三流程

通常情况下，使用Excel相关控件时，都可以按照以下步骤进行，如图3-2所示。

图3-2 Excel操作基本三流程

其中，结束Excel进程、打开Excel文件、关闭工作簿是必须的三个基本流程。当对Excel工作簿进行了修改时，再增加保存的步骤。

二、RPA 操作控件

1. excelApplicationScope－［打开 Excel 文件］控件

［打开 Excel 文件］控件的作用是根据指定的 Excel 文件路径，打开目标 Excel 工作簿。要对 Excel 工作簿进行任何操作前，都应该先添加一个［打开 Excel 文件］控件。"Excel 文件对象别名"处输入用户为 Excel 起的一个别名，以便在其他控件中使用；"软件类型"处选择打开软件的类别，默认是打开 Excel 文件，也可以选择打开 WPS 文件；"Excel 文件路径"处可以选择文件存放的路径，也可以直接输入，是必填项目；"工作表 Sheet"处输入需要激活的 Excel 工作表名称或者索引；"是否可见"处设置打开 Excel 文件是否可见，True 表示可见，False 表示不可见，默认 False。当打开 Excel 文件时请不要操作计算机，否则可能导致错误。［打开 Excel 文件］控件的属性设置如图 3-3 所示。

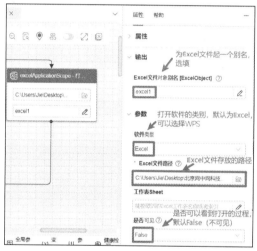

图 3-3 ［打开 Excel 文件］控件的属性设置

2. excelKillProcess－［结束 Excel 进程］控件

［结束 Excel 进程］控件的作用是结束计算机中的 Excel 进程，以避免打开 Excel 工作簿时发生异常。因此，在每一个［打开 Excel 文件］控件前，都应当放置一个［结束 Excel 进程］控件，此控件无须设置任何参数，如图 3-4 所示。

图 3-4 ［结束 Excel 进程］控件的属性设置

3. excelCloseWorkbook – ［关闭工作簿］控件

对 Excel 工作簿的操作结束后，都应当添加一个［关闭工作簿］控件关闭工作簿。［关闭工作簿］控件的属性设置如图 3-5 所示。"Excel 对象"处应输入用户指定的 Excel 对象名。

图 3-5 ［关闭工作簿］控件的属性设置

4. excelReadRange – ［获取区域文本］控件

［获取区域文本］控件的作用是根据指定的 Excel 对象、工作表 Sheet、单元格范围，获取（复制）该范围内的数据，并将其存储在变量中，以供脚本中其他环节使用。［获取区域文本］控件的属性设置如图 3-6 所示。"Excel 对象"处输入用户指定的 Excel 对象名；"文本内容"处设置变量，用以存储用户输入的内容，必填；"返回值类型"处可选择返回值的类型，可以是 list（一维列表），也可以是 DataFrame（二维数据表）；"工作表 Sheet"处输入需要激活的 Excel 工作表名称或者索引；"单元格位置"处输入单元格位置范围；"合并单元格的处理方式"处如果选择 merge，每个单元格的值必须完全一样；"格式化方法"处默认为空，表示获取全部内容。在具体操作中，格式化方法有三种：用户可选择 skipLastEmpty，表示忽略表格末尾行列的空单元格数据；也可选择 formatCell，表示将获取的表格数据格式化显示；还可以同时配置 skipLastEmpty 和 formatCell 两个参数一起使用。

> 📝 注意
>
> 在本控件前，必须添加［打开 Excel 文件］控件。

图 3-6 ［获取区域文本］控件的属性设置

5. excelWriteRange – ［写入范围单元格］控件

［写入范围单元格］控件的作用是按照指定的 Excel 对象、工作表 Sheet、目标范围，写入（粘贴）已有的列表或数值。［写入范围单元格］控件的属性设置如图 3-7 所示。"Excel 对象"处输入指定要操作的 Excel 文件别名；"工作表 Sheet"处输入需要激活的 Excel 工作表名称或者索引；"目标范围"处表示要写入的目标范围，必填；"写入内容"处输入要写入的文本或者公式，公式要以等号开头，设置单个数据时，所有单元格写入相同的值，设置为列表时，按顺序写入，必填。

图 3-7　［写入范围单元格］控件的属性设置

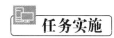

一、流程设计

根据任务情境和任务描述，要使用 RPA 财务机器人完成将北京网中网科技有限公司 2021 年 2 月的管理费用数据写入年度汇总表中的任务，RPA 流程如图 3-8 所示。

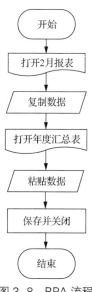

图 3-8　RPA 流程

根据 RPA 流程图，可设计具体的业务流程步骤如表 3-1 所示。

表 3-1　　　　　　　　　　　　　　　　　　业务流程步骤

序号	步骤	活动	注意事项
1	打开 Excel 工作表	［结束 Excel 进程］ ［打开 Excel 文件］	（1）涉及 Excel 文件处理一定要添加 Excel 基本三流程 （［结束 Excel 进程］，［打开 Excel 文件］，［关闭工作簿］） （2）设置 Excel 文件对象别名是 "excel1"
2	复制 2 月报表中需要的数据	［获取区域文本］	（1）选择 Excel 对象 "excel1" 和工作表 "2 月" （2）设置单元格范围 "A3:K3" （3）设置变量名称为 "excel_value"
3	将复制的数据粘贴到年度汇总表中	［写入范围单元格］	（1）选择对象 "excel1" 和工作表 "年度汇总" （2）设置目标范围 "A4:K4" （3）设置写入内容处的值为 "@{excel_value}"
4	保存并关闭工作簿	［保存工作簿］ ［关闭工作簿］	（1）选择对象 "excel1" （2）保存并关闭工作簿

二、操作过程

（1）新建脚本并命名为 "管理费用年度汇总"。在控件面板中搜索［结束 Excel 进程］控件，添加至 "开始" ▶ 的下方；然后搜索［打开 Excel 文件］控件，添加至［结束 Excel 进程］控件下方，在其属性面板中设置参数内容。具体设置如下：在 "Excel 文件对象别名" 处输入变量名称 "excel1"；在 "软件类型" 下拉列表框中选择 Excel 类型；在 "Excel 文件路径" 处输入 Excel 文件存放路径，如图 3-9 所示。

图 3-9　打开 Excel 工作表

（2）在控件面板内搜索［获取区域文本］控件，添加至［打开 Excel 文件］控件下方，并在其属性面板中设置参数内容。具体设置如下：在 "Excel 对象" 下拉列表框中选择 "excel1"；在 "工作表 Sheet" 处输入 "2 月"，表示选择名称为 "2 月" 的工作表；设置单元格位置为 "A3:K3"，表示复制 "2 月" 工作表 A3:K3 范围单元格的内容；"文本内容" 处设置变量 "excel_value"，表示将复制的内容放入变量 excel_value 中，如图 3-10 所示。

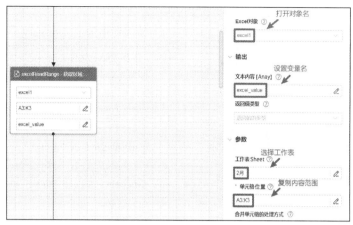

图 3-10　获取区域文本

（3）在控件面板内搜索［写入范围单元格］控件，添加至［获取区域文本］控件下方，并在［写入范围单元格］控件属性面板中设置参数内容。具体设置如下：在"Excel 对象"下拉列表框中选择"excel1"；在"工作表 Sheet"处输入"年度汇总"，表示选择名称为"年度汇总"的工作表；在"目标范围"处输入"A4:K4"；在"写入内容"框内引用变量"@{excel_value}"，表示将变量 excel_value 中的内容写入到目标范围中，如图 3-11 所示。

图 3-11　写入范围单元格

（4）在控件面板内搜索［保存工作簿］和［关闭工作簿］控件，分别添加至［写入范围单元格］控件下方，并在两个控件的属性面板中将"Excel 对象"设为"excel1"，如图 3-12 所示。

图 3-12　关闭工作簿

（5）使用 RPA 复制粘贴 Excel 表中数据的程序设计完成，运行程序，结果如图 3-13 所示。

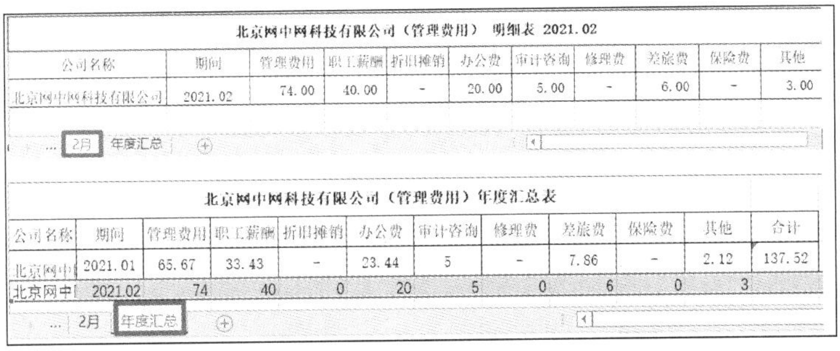

北京网中网科技有限公司（管理费用） 明细表 2021.02

公司名称	期间	管理费用	职工薪酬	折旧摊销	办公费	审计咨询	修理费	差旅费	保险费	其他
北京网中网科技有限公司	2021.02	74.00	40.00	-	20.00	5.00	-	6.00	-	3.00

… 2月 年度汇总

北京网中网科技有限公司（管理费用）年度汇总表

公司名称	期间	管理费用	职工薪酬	折旧摊销	办公费	审计咨询	修理费	差旅费	保险费	其他	合计
北京网中	2021.01	65.67	33.43	-	23.44	5	-	7.86	-	2.12	137.52
北京网中	2021.02	74	40	0	20	5	0	6	0	3	

… 2月 年度汇总

图 3-13 运行结果

任务二 销售费用汇总机器人

任务情境

航远集团公司财务人员小张，每到年末就陷入各式各样报表的汇总、整理、分析、报告中。每个月都有管理费用明细表、销售费用明细表、员工业绩明细表等一系列月度报表，小张要把每一种报表的月度数据逐一复制粘贴到年度报表上，再进行数据分析和汇报。每个类别报表的格式都一样，数据填写规范，汇总工作规则明确，但报表非常多，耗费了小张大量的时间，而且一项一项复制粘贴很容易出错。小张常常忙到深夜，才把数据整理好，但此时已来不及做数据分析了。

任务描述

为了帮助小张准确无误地完成各类报表的汇总工作，我们先以年度销售费用汇总为例，开发一个销售费用汇总机器人，让机器人自动将每个月的销售费用明细数据填写到“1 集团公司汇总表”中，要求每个月销售费用明细表的费用项目、顺序、格式完全相同，与汇总表的费用项目、顺序、格式也完全一致。

小张已将各月的销售费用明细表、汇总表全部存入同一文件夹中，命名为“业务数据”，如图 3-14 所示。

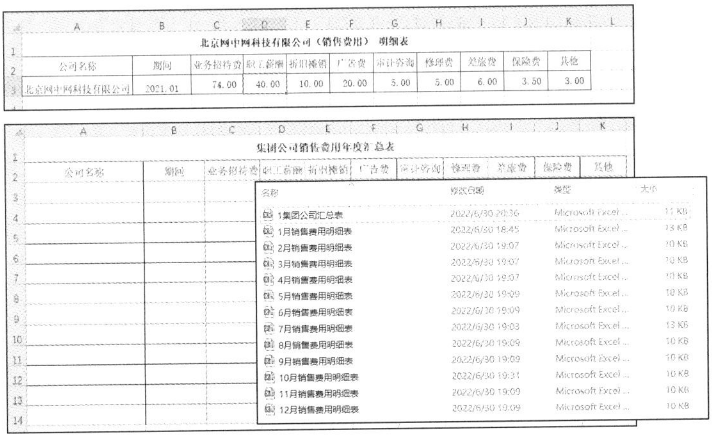

北京网中网科技有限公司（销售费用） 明细表

公司名称	期间	业务招待费	职工薪酬	折旧摊销	广告费	审计咨询	修理费	差旅费	保险费	其他
北京网中网科技有限公司	2021.01	74.00	40.00	10.00	20.00	5.00	5.00	6.00	3.50	3.00

集团公司销售费用年度汇总表

公司名称	期间	业务招待费	职工薪酬	折旧摊销	广告费	审计咨询	修理费	差旅费	保险费	其他

名称	修改日期	类型	大小
1集团公司汇总表	2022/6/30 20:36	Microsoft Excel ...	11 KB
1月销售费用明细表	2022/6/30 18:45	Microsoft Excel ...	13 KB
2月销售费用明细表	2022/6/30 19:07	Microsoft Excel ...	10 KB
3月销售费用明细表	2022/6/30 19:07	Microsoft Excel ...	10 KB
4月销售费用明细表	2022/6/30 19:07	Microsoft Excel ...	10 KB
5月销售费用明细表	2022/6/30 19:09	Microsoft Excel ...	10 KB
6月销售费用明细表	2022/6/30 19:09	Microsoft Excel ...	10 KB
7月销售费用明细表	2022/6/30 19:03	Microsoft Excel ...	13 KB
8月销售费用明细表	2022/6/30 19:09	Microsoft Excel ...	10 KB
9月销售费用明细表	2022/6/30 19:09	Microsoft Excel ...	10 KB
10月销售费用明细表	2022/6/30 19:31	Microsoft Excel ...	10 KB
11月销售费用明细表	2022/6/30 19:09	Microsoft Excel ...	10 KB
12月销售费用明细表	2022/6/30 19:09	Microsoft Excel ...	10 KB

图 3-14 业务数据

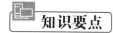

一、RPA 操作控件

1. selectPath－［选择文件/目录框］控件

［选择文件/目录框］控件的作用是弹出一个窗口，供用户选择文件（文件夹），并将用户的选择输出为文件路径（文件夹路径）存储在变量中，以便脚本中其他环节使用，如图 3-15 所示。

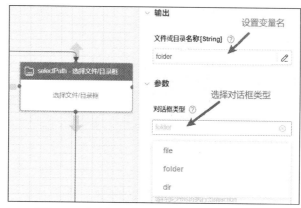

图 3-15 ［选择文件/目录框］控件的属性设置

> **注意**
>
> 本控件在运行后需人工选择，应放在脚本前面，以提高工作效率。

2. For－［遍历/计次循环］控件

［遍历/计次循环］控件的作用是依次遍历集合数据中的每一个元素（每次只遍历一个），并将其赋值给变量，然后执行"循环体"中的控件（每遍历一次，循环体便执行一次），直至遍历完所有元素，如图 3-16 所示。

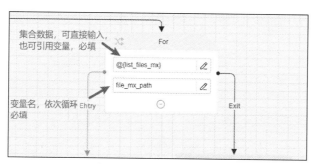

图 3-16 ［遍历/计次循环］控件的属性设置

> **注意**
>
> 集合数据可以是列表（list）、集合（set）、元组（tuple）等。

3. excelReadSheet –［提取 Sheet 内容］控件

［提取 Sheet 内容］控件的作用是根据指定的 Excel 对象和指定的工作表（Sheet），获取（复制）该工作表内的数据，并将其存储在变量中，以供脚本中其他环节使用。

> 💡 **注意**
>
> 在本控件前面，必须增加［打开 Excel 文件］控件。

［提取 Sheet 内容］控件的属性设置如图 3-17 所示。"Excel 对象"处选择要操作的 Excel 对象别名，必填；"文本内容"处存储结果的变量名称，可以修改，必填；"返回值类型"处选择返回数据的类型，是 list（列表）类型，还是 DataFrame（二维数据表）类型；"工作表 Sheet"处输入需要激活的 Excel 工作表名称或者索引；"合并单元格的处理方式"处如果选择 merge，每个单元格的值必须完全一样；"格式化方法"表示将获取的表格数据格式化显示，"格式化方法"的属性设置同［获取区域文本］控件。

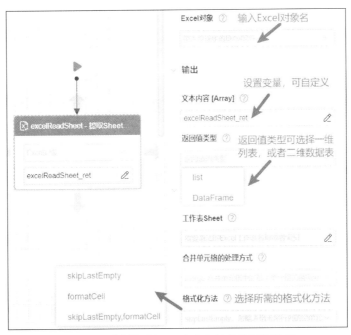

图 3-17 ［提取 Sheet 内容］控件的属性设置

二、表达式 glob.glob(value)

表达式 glob.glob(value)的作用是匹配所有符合条件的文件，并将文件路径以列表的形式存储起来，如图 3-18 所示。在 glob.glob(value)中，小圆点"."前的 glob 是模块名称，有关文件路径的所有方法都存放在这一模块中；小圆点"."后的 glob 是方法名称，表示查找文件目录或者文件。此表达式只有一个参数（value），用以指定文件路径，可以使用通配符表示。

> 💡 **注意**
>
> glob 模块在使用前需要先导入。导入方法：import glob。

图 3-18　表达式 glob.glob(value)

三、列表

列表（list）由一系列元素组成。列表中的元素不需要具有相同的数据类型，可以是字符串（str）、整数（int）、浮点数（float）、列表（list）、字典（dic）等类型。

list（列表）中的元素由 "[ ]" 括起来，每个元素通过 "," 隔开。创建列表时，直接对其赋值即可，如表 3-2 所示。

表 3-2　　　　　　　　　　　　　　　　列表应用

项目	说明
list1=[ ]	新建一个空列表
list2=["苹果","香蕉","猕猴桃"]	将 3 个元素添加到列表中
list3=[43,67,89,12,34,88]	将 6 个元素添加到列表中

1. 访问列表中的值

列表的索引从 0 开始，第二个索引是 1，第三个索引是 2，依此类推。例如，定义一个列表 list，list=["苹果","香蕉","猕猴桃","梨子","葡萄","车厘子"]。

我们可以通过 list[索引号] 获取列表中指定元素的值。例如：list[0] = "苹果"，list[2] = "猕猴桃"，list[5] = "车厘子"。

2. 列表的常用方法

假设有两个列表：list1=[1,2,6,9]，list2=["猕猴桃","梨子","葡萄"]。对两个列表进行相关操作，举例如下，如表 3-3 所示。

表 3-3　　　　　　　　　　　　　　　　列表操作方法

项目	操作方法	结果
更新列表中元素的值	将 list1 中第 2 个元素更新为 4：list[1]=4	list1=[1,4,6,9]
合并两个列表中的元素	合并 list1 和 list2，并将合并后的列表赋值给 list3：list3=list1+list2	list3=[1,2,6,9,"猕猴桃","梨子","葡萄"]
在列表的末尾增加元素	将 "苹果" 增加到 list2 的末尾：list2.append("苹果")	list2=["猕猴桃","梨子","葡萄","苹果"]
判断某元素是否存在列表中	（1）判断 8 是否在 list1 中：8 in list1 （2）判断 "猕猴桃" 是否在 list2 中："猕猴桃"in list2	（1）False （2）Ture
获取列表中元素的数量	判断 list2 中元素的数量，并赋值给 num：num=len(list2)	num=3

任务实施

一、流程设计

根据任务情境和任务描述，RPA 流程如图 3-19 所示。

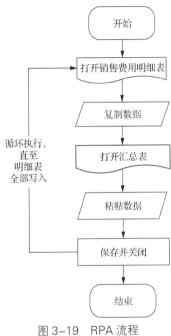

图 3-19 RPA 流程

要使用 RPA 财务机器人完成年度销售费用汇总任务，可设计具体的业务流程步骤如表 3-4 所示。

表 3-4   业务流程步骤

序号	步骤	活动	注意事项
1	选择汇总表文件，选择销售费用明细表所在的文件夹	［选择文件/目录框］	对话框类型的选择：提示用户选汇总表时，对话框类型选择"file"；提示用户选文件夹时，对话框类型选择"folder"
2	赋值	［运行 python 表达式］	
3	循环	［遍历/计次循环］	
4	打开销售费用明细表	（1）［结束 Excel 进程］ （2）［打开 Excel 文件］ （3）［关闭工作簿］	（1）涉及 Excel 文件处理一定要添加 Excel 基本三流程 （2）输入别名"file_mx" （3）设置变量名称"file_hz_path"
5	复制数据	（1）［提取 Sheet 内容］ （2）［运行 python 表达式］ （3）［获取区域文本］	（1）选择对象"file_mx" （2）输入单元格范围"A3:Z100" （3）格式化方法选择"skipLastEmpty" （4）设置变量名称"list_file_mx"
6	打开汇总表	（1）［结束 Excel 进程］ （2）［打开 Excel 文件］	（1）选择对象"file_hz" （2）Excel 文件路径引用变量"@{file_hz_path}"

续表

序号	步骤	活动	注意事项
7	粘贴内容	［写入范围单元格］	（1）写入对象选择"file_hz" （2）写入内容引用变量"@{ist_file_mx}"
8	保存并关闭工作簿	（1）［保存工作簿］ （2）［关闭工作簿］	保存、关闭工作簿
9	提示用户完成	［消息窗口］	

二、操作过程

（1）新建脚本，命名为"销售费用汇总机器人"，在控件面板中搜索［消息窗口］控件添加至开始 ▶ 的下方，输入信息，提示用户选择汇总表文件。在控件面板中搜索［选择文件/目录框］控件添加至［消息窗口］控件的下方，并在其属性面板中设置参数内容。具体设置如下：在"文件或目录名称"处设置变量"file_hz_path"，表示将用户选择的文件路径放入此变量中；"对话框类型"下拉列表框中选择 file（文件）类型，如图 3-20 所示。

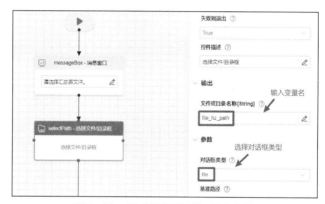

图 3-20　用户选择费用汇总表文件

（2）在控件面板中搜索［消息窗口］控件添加至［选择文件/目录框］控件的下方，输入信息，提示用户选择费用明细表所在的文件夹。在控件面板中搜索［选择文件/目录框］控件添加至［消息窗口］控件的下方，并在其属性面板中设置参数内容。具体设置如下：在"文件或目录名称"处输入变量名"folder"；"对话框类型"下拉列表框中选择 folder（文件夹）类型，如图 3-21 所示。

图 3-21　用户选择明细表所在文件夹

（3）获取所有明细表文件路径，在控件面板中搜索［运行 python 表达式］控件，添加至［选择文件/目录框〕控件下方，并在其属性面板中设置参数内容。具体设置如下："导包语包"处输入"import glob"，导入 glob 模块；"表达式"处输入"glob.glob(folder+" \ *明细表*")"，表示获取 folder 文件夹下包含"明细表"三个字的所有文件的路径；"执行结果"处设置变量"list_files_mx"，将获取到的文件路径集合放入此变量中，如图 3-22 所示。

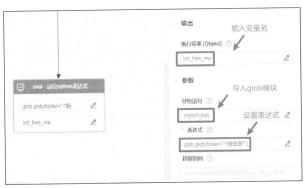

图 3-22　运行 python 表达式（1）

（4）在控件面板中搜索〔遍历/计次循环〕控件，添加至〔运行 python 表达式〕控件下方，并在其属性面板中设置参数内容。具体设置如下："数据集合"中引用变量"@{list_files_mx}"，表示遍历 list_files_mx 中的每一个元素；"条目名称"中设置变量名"file_mx_path"，表示将每一次遍历获取到的元素放入 file_mx_path 中，如图 3-23 所示。

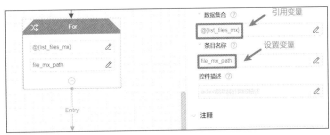

图 3-23　遍历/计次循环

在控件面板中搜索〔结束 Excel 进程〕控件，添加至〔遍历/计次循环〕控件下方，在弹出的"创建连线"对话框中选择"进入循环体"选项，单击"确定"按钮。添加〔结束 Excel 进程〕控件，如图 3-24 所示。

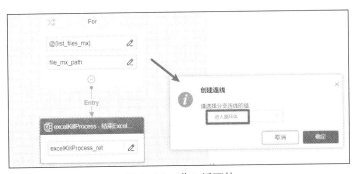

图 3-24　进入循环体

在控件面板中搜索［打开 Excel 文件］控件，添加至［结束 Excel 进程］控件的下方，并在其属性面板中设置参数内容。具体设置如下："Excel 文件路径"处引用变量"@{file_mx_path}"；"工作表 Sheet"处输入"sheet1"；"Excel 文件对象别名"处设置变量"file_mx"；"软件类型"下拉列表框中选择 Excel 类型，如图 3-25 所示。

图 3-25　打开 Excel 文件（1）

（5）在控件面板中搜索［获取区域文本］控件，添加至［打开 Excel 文件］控件下方，并在其属性面板中设置参数内容。具体设置如下："Excel 对象"下拉列表框中选择"file_mx"；"工作表 Sheet"处输入"sheet1"；"单元格位置"处设置为"A3:Z100"，尽可能将选择的单元格范围扩大一些；"格式化方法"下拉列表框中选择"skipLastEmpty"，表示忽略所选范围内空白单元格；"返回值类型"下拉列表框中选择 list 类型；"文本内容"处创建变量"list_file_mx"，如图 3-26 所示。

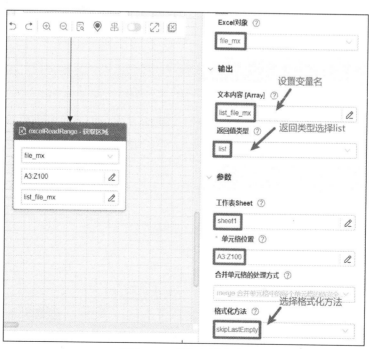

图 3-26　获取区域文本

在控件面板中搜索［关闭工作簿］控件，添加至［获取区域文本］控件的下方，并在其属性面板中设置参数内容。具体设置如下：在"Excel对象"下拉列表框中选择"file_mx"，如图3-27所示。

图3-27 关闭工作簿

（6）添加Excel基本三流程，在控件面板中搜索［结束Excel进程］控件，添加至［关闭工作簿］控件下方，再搜索［打开Excel文件］控件，添加至［结束Excel进程］控件下方，并在其属性面板中设置参数内容。具体设置如下："Excel文件路径"处引用变量"@{file_hz_path}"；"软件类型"下拉列表框中选择Excel类型；"Excel文件对象别名"处创建变量"file_hz"，如图3-28所示。

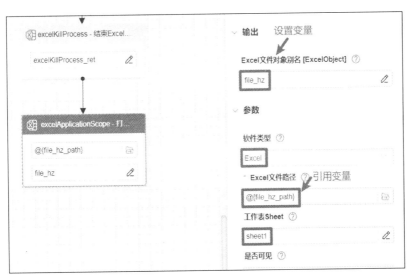

图3-28 打开Excel文件（2）

（7）在控件面板内搜索［提取Sheet内容］控件，添加至［打开Excel文件］控件下方，并在其属性面板中设置参数内容。具体设置如下："Excel对象"下拉列表框中选择"file_hz"；"文本内容"内创建变量list_file_hz；"工作表Sheet"处输入"sheet1"；"返回值类型"下拉列表框中选择list类型；"格式化方法"下拉列表框中选择"skipLastEmpty"，如图3-29所示。

在控件面板中搜索［运行python表达式］控件，并添加至［提取Sheet内容］控件下方，并在其属性面板中设置参数内容。具体设置如下："表达式"处输入"len(list_file_hz)+1"；"执行结果"处创建变量"file_hz_row_writenum"，表示将统计变量list_file_hz的长度结果加1，如图3-30所示。

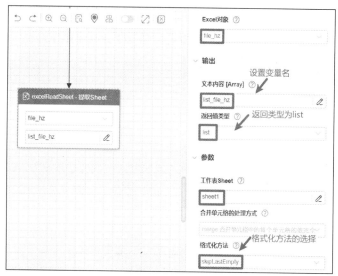

图 3-29　提取 Sheet 内容

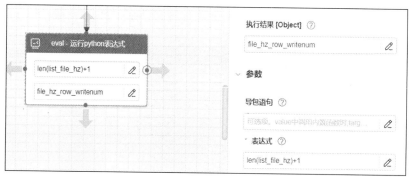

图 3-30　运行 python 表达式（2）

（8）在控件面板内搜索［写入范围单元格］控件，添加至［运行 python 表达式］控件下方，并在其属性面板中设置参数内容。具体设置如下："Excel 对象"下拉列表框中选择"file_hz"；"写入内容"内引用变量"@{list_file_mx}"；"目标范围"处输入"A@{file_hz_row_writenum}:k@{file_hz_row_writenum}"，表示从 list_file_hz 的下一行开始写入数据，如图 3-31 所示。

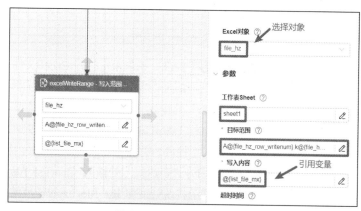

图 3-31　写入范围单元格

在控件面板中搜索［保存工作簿］控件，添加至［写入范围单元格］控件下方，在控件面板中搜索［关闭工作簿］控件，添加至［保存工作簿］控件的下方，属性中"Excel 对象"下拉列表框中都选择"file_hz"，如图 3-32 所示。

图 3-32　保存、关闭工作簿

（9）在控件面板中搜索［消息窗口］控件，添加至［遍历/计次循环］控件右侧。消息内容输入"恭喜您，全部完成！"（见图 3-33）。

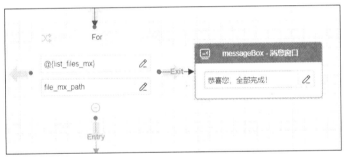

图 3-33　消息窗口

（10）运行销售费用汇总机器人，运行结果如图 3-34 所示。

集团公司销售费用年度汇总表										
公司名称	期间	业务招待费	职工薪酬	折旧摊销	广告费	审计咨询	修理费	差旅费	保险费	其他
北京网中网科技有限公司	2021.01	74.00	40.00	10.00	20.00	5.00	5.00	6.00	3.50	3.00
北京网中网科技有限公司	2021.02	102.00	40.00	10.00	23.00	0.00	5.00	4.00	3.50	1.00
北京网中网科技有限公司	2021.03	78.00	43.00	12.00	22.00	1.00	2.00	3.00	1.00	1.00
北京网中网科技有限公司	2021.04	101.00	39.00	12.00	20.00	2.00	1.00	4.00	1.00	2.00
北京网中网科技有限公司	2021.05	98.00	40.00	12.00	20.00	1.00	1.00	5.00	1.00	1.00
北京网中网科技有限公司	2021.06	128.00	41.00	13.00	12.00	0.00	0.00	3.40	1.00	2.00
北京网中网科技有限公司	2021.07	74.00	40.00	10.00	20.00	5.00	5.00	6.00	3.50	3.00
北京网中网科技有限公司	2021.08	102.00	40.00	10.00	23.00	0.00	5.00	4.00	3.50	1.00
北京网中网科技有限公司	2021.09	78.00	43.00	12.00	22.00	1.00	2.00	3.00	1.00	1.00
北京网中网科技有限公司	2021.10	101.00	39.00	12.00	20.00	2.00	1.00	4.00	1.00	2.00
北京网中网科技有限公司	2021.11	98.00	40.00	12.00	20.00	1.00	1.00	5.00	1.00	1.00
北京网中网科技有限公司	2021.12	128.00	41.00	13.00	12.00	0.00	0.00	3.40	1.00	2.00

图 3-34　运行结果

📖 前沿资讯

我国企业财务机器人的建设及应用情况——以中化国际为例

一、引入财务机器人的原因

中化国际（控股）股份有限公司（以下简称"中化国际"）作为我国的大型企业，其客户遍布 100 多个国家和地区，业务遍及的广泛使得中化国际的财务工作比较分散，引入财务共享中心后，不在同一地区的实体会计业务也能整合到一起集中管理。但其记账、对账、纳税等工作依然需要花费大量的时间去处理，为了提升财务共享中心的工作效率与质量，中化国际联袂普华永道（PWC）研究人工智能技术在财税领域中的应用，并于 2017 年 8 月，正式引入 PWC 财务机器人。

二、财务机器人发挥的作用

针对财务共享中心的运营特点，普华永道与中化国际财务管理部通过一个月的努力，完成了会计和税务上大量重复性高且耗时的基础操作流程自动化执行的部署工作，并为银行对账、来款提醒、增值税账实检查和增值税发票真伪查验等工作流程提供更好的服务，给中化国际的财务工作带来了很大的便利。

1. 提高工作效率，有效节约成本

一方面，财务机器人不需要人工进行干涉便能自动完成银行与企业之间的对账和调节表打印任务，使得工作任务可以及时处理，很大程度上提高了财务人员的工作效率；另一方面，未引入财务机器人之前，财务人员需要耗费大量的精力在纳税申报上，而财务机器人可以将需要查验真伪的增值税发票直接发送到国税总局的查验平台验证真伪，并把查验结果反馈给工作人员，在提高纳税工作效率的同时，也使得财务共享中心得以节约人力成本的投入。虽然财务机器人前期投入的成本相对于人工成本比较高，但从长远角度看，财务机器人的高效率工作，除了能降低人力成本外，还能极大程度地降低财务共享中心的时间成本以及管理成本等隐性成本。

2. 增强会计信息可靠性，提高财务信息质量

财务机器人最大的特点就是能够自动执行企业基本的财务流程操作，流程的规范化、自动化能够在很大程度上避免人为操纵会计信息的现象，弥补了因财务舞弊导致会计信息失真的漏洞，有利于增强会计信息可靠性。而且，财务机器人可以按时从财务系统、税务系统以及纳税申报文件等数据源中分析会计账务与税票实绩之间的差异，并通过邮件提醒会计人员及时纠正偏差。在这之前，财务人员往往需要花很多的精力去分析，还很容易因为失误造成会计信息失真，而财务机器人可以很好地避免这种情况，其工作速度和准确率接近 100%，大大提高了会计信息的质量。

3. 提高企业经济效益，提升企业竞争力

财务机器人的投入使用大大减轻了会计人员的工作强度，因此会计人员有更多的时间参与更为增值的工作，如利用财务机器人提供的信息及数据从财务的角度综合分析企业的运营状况，为提高企业营运能力提出建议，从而给企业带来更高的经济效益。同时财务人员也可以有效利用财务报表，分析影响企业财务状况质量的因素，协助企业提出更优的发展战略规划以增强其在所处行业中的竞争优势，从而提升企业的核心竞争力。

（资料来源：林婉仪，刊载于《中国乡镇企业会计》2019 年第 1 期）

课后练习

一、单选题

1. 图 3-35 中，关于［选择文件/目录框］控件的属性设置，表述不正确的是（　　　）。

图 3-35　［选择文件/目录框］控件的属性设置

  A. 该控件运行时弹出浏览文件的窗口供用户选择文件或者文件夹

  B. 参数"对话框类型"的作用是选择目标的类型，选择 file 时，可以选择文件，选择 dir 或 folder 时，可以选择文件夹

  C. 该控件所选择的文件或文件夹以变量 selectPath_ret 存储

  D. 用户选择文件后，该控件会打开目标文件

2. 在运行［打开 Excel 文件］控件时，未关闭工作簿不会影响程序的运行。该说法（　　　）。

  A. 正确　　　　　　　B. 错误

二、操作题

1. 提取"正保集团（管理费用）明细汇总主表.xlsx"中厦门网中网软件有限公司 2021 年 1 月的管理费用明细数据，复制到一张新工作表上并保存，如图 3-36 所示。

公司名称	期间	管理费用	职工薪酬	折旧摊销	办公费	审计咨询	修理费	差旅费	保险费	其他
中华会计网校	2021.01	225.00	94.00	25.00	21.00	36.00	18.00	11.00	5.00	15.00
北京网中网科技有限公司	2021.02	74.00	40.00	–	20.00	5.00	–	6.00	–	3.00
厦门网中网软件有限公司	2021.01	151.00	80.00	–	33.00	–	13.00	12.00	–	13.00
正保会计教育科技有限公司	2021.02	181.00	120.00	–	25.00	–	13.00	12.00	–	11.00
正保远见有限公司	2021.02	74.00	40.00	–	20.00	5.00	–	6.00	–	3.00

图 3-36　正保集团（管理费用）明细汇总主表

2. 获取 C 盘根目录下所有文件的文件名，并用消息窗口输出信息。

3. 请选择合适的控件，删除图 3-37 所示的表格中重复的行。

公司名称	期间	管理费用	职工薪酬	折旧摊销	办公费	审计咨询	修理费	差旅费	保险费	其他
正保集团（管理费用）明细汇总主表										
中华会计网校	2021.01	225.00	94.00	25.00	21.00	36.00	18.00	11.00	5.00	15.00
北京网中网科技有限公司	2021.02	74.00	40.00	-	20.00	5.00	-	6.00	-	3.00
厦门网中网软件有限公司	2021.01	151.00	80.00	-	33.00	-	13.00	12.00	-	13.00
正保会计教育科技有限公司	2021.02	181.00	120.00	-	25.00	-	13.00	12.00	-	11.00
正保远见有限公司	2021.02	74.00	40.00	-	20.00	5.00	-	6.00	-	3.00
北京网中网科技有限公司	2021.02	74.00	40.00	-	20.00	5.00	-	6.00	-	3.00
北京网中网科技有限公司	2021.02	74.00	40.00	-	20.00	5.00	-	6.00	-	3.00
正保远见有限公司	2021.02	74.00	40.00	-	20.00	5.00	-	6.00	-	3.00
正保会计教育科技有限公司	2021.02	181.00	120.00	-	25.00	-	13.00	12.00	-	11.00

图 3-37　删除表格中的重复行

RPA 在财务中的应用：E-mail 自动化处理

- 知识目标
  1. 掌握邮箱服务器设置
  2. 掌握 E-mail 相关控件的操作方法
  3. 掌握应用 RPA 批量发送邮件、下载邮件的方法
- 能力目标
  1. 能正确设置 QQ 邮箱服务器
  2. 能应用 RPA 个性化设置并批量发送邮件
  3. 能应用 RPA 批量下载邮件附件
- 素养目标
  1. 培养良好的流程设计思维
  2. 具备爱岗敬业、廉洁自律的职业道德
  3. 具备良好的自主学习能力和流程优化能力

在日常办公中，邮件是沟通必不可少的一环。例如，人资专员给同事发工资单、报表文件，销售人员给客户发邀请函、对账单，HR 给求职候选人发面试通知……如果周期性地处理大量邮件，仅靠纯手工操作，不但十分耗时，而且还容易漏发、错发，工作效率低下。RPA 应用到电子邮件的分发处理上，可以极大提高电子邮件处理的效率。

任务一　邮箱服务器设置

任务情境

航远公司行政人员小郭，每天要收发处理大量邮件。对行政人员来说，邮件收发工作其实是有明确规则的，满足了 RPA 机器人的使用要素（"大量重复"和"规则明确"），因此非常适合用 RPA 来实现。

任务描述

小郭要利用 RPA 机器人自动完成邮件的收发工作，必须先对邮箱服务器进行设置。

> 📋 **知识要点**

电子邮件是日常工作和生活沟通的重要方式之一，电子邮件在发送和接收的过程中，要遵循一些基本协议和标准，这些协议主要有 SMTP、POP3、IMAP 等。

◆ SMTP（Simple Mail Transfer Protocol，简单邮件传输协议）用于发送 E-mail 的协议。

◆ POP3（Post Office Protocol-Version 3，邮局传输协议）用于接收 E-mail 的协议。

◆ IMAP（Internet Message Access Protocol，互联网邮件访问协议）用于接收 E-mail 的协议。

出于安全等因素的考虑，绝大多数 E-mail 服务商会在你开通账户时，默认关闭了这些协议。RPA 就相当于一种客户端，为了使用 RPA 来发送和接收 E-mail，就必须要先开启这些协议。

不同邮件服务商的服务器名称、端口号不同，如表 4-1 所示。

表 4-1　　　　　　　　　　　各邮件服务商服务器及端口信息

邮件服务商	协议类型	协议功能	服务器名称	非 SSL 端口号	SSL 端口号
腾讯 QQ 邮箱	SMTP	发送邮件	smtp.qq.com	25	465/587
	POP3	接收邮件	pop.qq.com	110	995
	IMAP	接收邮件	imap.qq.com	143	993
网易 163 邮箱	SMTP	发送邮件	smtp.163.com	25	465/994
	POP3	接收邮件	pop.163.com	110	995
	IMAP	接收邮件	imap.163.com	143	993
谷歌 Gmail 邮箱	SMTP	发送邮件	smtp.gmail.com	25	465
	POP3	接收邮件	pop.gmail.com	110	995
	IMAP	接收邮件	imap.gmail.com	143	993

> 📋 **任务实施**

以 QQ 邮箱为例，小郭需要开启 POP3/SMTP 服务。

（1）打开 QQ 邮箱首页 http://mail.qq.com/，输入账号和密码，登录邮箱。在 QQ 邮箱首页，执行"设置"—"账户"—"POP3/IMAP/SMTP/Exchange/CardDAV/CalDAV 服务"命令，如图 4-1 所示。

图 4-1　设置 QQ 邮箱账户

（2）选择开启"POP3/SMTP服务"，弹出"验证密保"窗口。使用绑定的手机编辑短信"配置邮件客户端"，发送至1069 0700 69，如图4-2所示。

图4-2　验证密保

（3）发送完毕后，单击右下角的"我已发送"按钮，会弹出一个16位的授权码窗口，请将此授权码备份，以供后续操作使用，如图4-3所示。

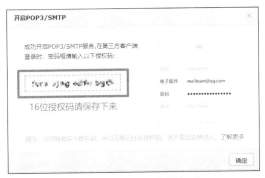

图4-3　保存16位授权码

> **提示**
>
> IMAP/SMTP服务协议的开启方式可以参照POP3/SMTP协议的开启过程。

任务二　使用RPA发送邮件

任务情境

航远公司行政人员小郭，每天要为公司决策人员发送当日的行业新闻日报。

任务描述

小郭需要设计一个RPA机器人，能够每天将一封邮件发至指定的邮箱，邮件正文是"领导您好，这是××××日行业新闻日报，请查收!"，邮件附件是"行业日报.pdf"。

RPA 操作控件

1. getCurrentTime – ［获取时间］控件

［获取时间］控件的属性设置如图 4-4 所示。"时间"处输入变量名"time",将获取的时间放到变量中。"时间格式"处设置时间的格式,"%y"表示 2 位数的年份,"%Y"表示 4 位数的年份,"%m"表示月份,"%d"表示月内中的一天。

图 4-4 ［获取时间］控件的属性设置

2. smtp.sendEmail – ［发送邮件(smtp)］控件

［发送邮件(smtp)］控件的作用是通过 SMTP 协议将邮件发送到指定邮箱。使用［发送邮件(smtp)］控件时要设置的必填参数如图 4-5 所示。

(1)服务器名称(无须双引号)。

(2)发件人邮箱地址,密码(注意是 16 位授权码,不是私人邮箱密码)。

(3)添加邮件附件需要填写的是文件的路径。

(4)发件人地址(E-mail 格式)、收件人地址(E-mail 格式)。

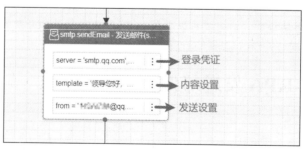

图 4-5 ［发送邮件(smtp)］控件的属性设置

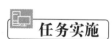

一、流程设计

根据任务情境和任务描述,RPA 流程如图 4-6 所示。

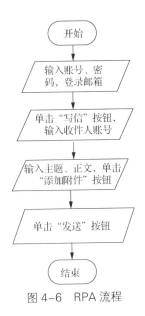

图 4-6　RPA 流程

要使用 RPA 机器人完成邮件发送的任务，可以参照表 4-2 所示的业务流程步骤。

表 4-2　　　　　　　　　　　　　　邮件发送业务流程步骤

序号	步骤	活动	注意事项
1	获取系统当日日期	［获取时间］	时间格式
2	发送邮件	［发送邮件(smtp)］	邮箱密码处输入的是 16 位授权码
3	提示用户完成	［消息窗口］	

二、操作过程

（1）新建脚本，命名为"邮件发送"，在控件面板中搜索［获取时间］控件，添加至"开始"的下方，设置变量"time"，把当前获取到的时间放置到此变量中，时间格式为年-月-日，如图 4-7 所示。

图 4-7　获取系统时间

（2）以 QQ 邮箱收发邮件为例，在控件面板内搜索［发送邮件(smtp)］控件，添加至［获取时间］控件下方，设置登录凭证，"邮箱服务器"处输入"smtp.qq.com"；"邮箱账号"处输入发件箱账号；"邮箱密码"处输入 16 位授权码，注意不是私人邮箱的密码，如图 4-8 所示。

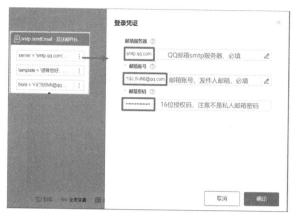

图 4-8 发送邮件

在内容设置中，"邮件正文模板"处输入邮件内容"领导您好，这是@{time}行业新闻日报，请查收!"，其中@{time}是引用当前日期变量；"主题"处输入邮件主题；将附件路径输入到"邮件附件"中，如图 4-9 所示。

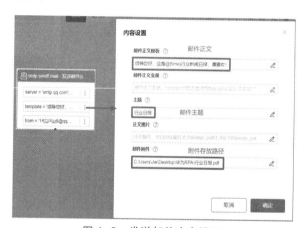

图 4-9 发送邮件内容设置

在发送设置中，设置发件人和收件人邮箱，如图 4-10 所示。

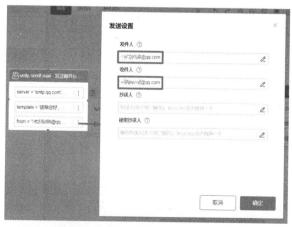

图 4-10 设置发件人和收件人邮箱

（3）添加消息窗口，提示"发送完成！"（见图 4-11）。

图 4-11　消息窗口

（4）运行邮件发送机器人，运行结果如图 4-12 所示。

图 4-12　运行结果

任务三　批量发送邮件机器人

任务情境

航远公司销售助理小吴每隔一段时间，要按照客户信息表上的名单，给公司每一位客户发送一份报价单。

任务描述

为了提高工作效率，小吴希望 RPA 机器人能够根据客户信息表上的信息，给每一位客户发送一份邮件，邮件内容定制如下。

邮件主题：20××××××（某一具体日期，如 20220701）航远公司报价单

正文：尊敬的×××，您好，这是 20××××××航远公司的报价单，请查收！

附件：报价单.xlsx

客户信息表如图 4-13 所示。

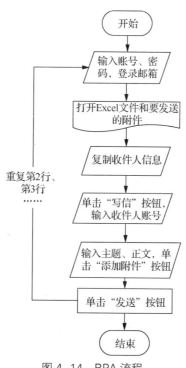

图 4-13 客户信息表

 **知识要点**

完成本任务需要用到的控件及流程设计方法前面已经详细介绍过，这里不赘述。

 **任务实施**

一、流程设计

根据任务情境和任务描述，使用 RPA 机器人自动登录发件人邮箱，个性化设置邮件的主题和正文，完成批量发送邮件任务，RPA 流程如图 4-14 所示。

```
        ┌──────┐
        │  开始  │
        └──────┘
           │
    ┌─────────────┐
    │ 输入账号、密 │
    │ 码，登录邮箱 │
    └─────────────┘
           │
   ┌───────────────┐
   │ 打开Excel文件和要发送 │
   │    的附件      │
   └───────────────┘
           │
    ┌─────────────┐
    │ 复制收件人信息 │
    └─────────────┘
           │
重复第2行、│ ┌─────────────┐
第3行…… │ │ 单击"写信"按钮， │
           │ │ 输入收件人账号 │
           │ └─────────────┘
           │      │
           │ ┌─────────────┐
           │ │ 输入主题、正文，单 │
           │ │ 击"添加附件"按钮 │
           │ └─────────────┘
           │      │
           │ ┌─────────────┐
           └─│ 单击"发送"按钮 │
             └─────────────┘
                  │
              ┌──────┐
              │  结束  │
              └──────┘
```

图 4-14 RPA 流程

根据流程图，要使用RPA机器人完成批量发送邮件的任务，可以参照表4-3所示的业务流程步骤。

表4-3　　　　　　　　　　　　　批量发送邮件业务流程步骤

序号	步骤	活动	注意事项
1	获取系统当日日期	［获取时间］	时间格式的设置
2	提示用户输入邮箱账号和密码	［输入对话框］	将发件人邮箱账号和授权码放到变量中，增加程序的灵活性
3	选择收件人信息表和要发送的附件	（1）［消息窗口］ （2）［选择文件/目录框］	选择收件人信息 选择要发送的附件
4	打开收件人信息表，获取收件人信息	（1）［结束Excel进程］ （2）［打开Excel文件］ （3）［获取区域文本］ （4）［关闭工作簿］	Excel基本三流程
5	建立循环，按照收件人信息表上收件人循环发送邮件	（1）［遍历/计次循环］ （2）［发送邮件(smtp)］	发送邮件属性设置
6	提示用户已完成	［消息窗口］	

二、操作过程

（1）新建脚本，命名为"批量发送邮件机器人"，在控件面板中搜索［获取时间］控件，添加至"开始" ▶ 的下方，在其属性面板中设置参数内容。将当前时间存入变量"time"中，时间格式设置为年-月-日，如图4-15所示。

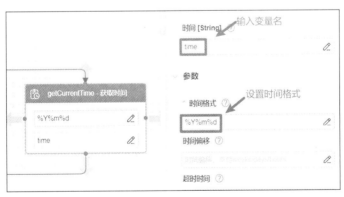

图4-15　获取时间

（2）在控件面板中搜索［输入对话框］控件，添加至［获取时间］控件下，提示用户输入邮箱账号，将用户输入的邮箱账号存放到变量"account"中。再添加一个［输入对话框］控件，提示用户输入密码（16位授权码），将密码存放到变量"password"中，如图4-16所示。

（3）在控件面板搜索［消息窗口］控件和［选择文件/目录框］控件，添加至［输入对话框］控件下方，提示用户选择收件人信息表，并将收件人信息表的路径放至"receiver_file_path"变量中；"对话框类型"下拉列表框中选择file类型，如图4-17所示。

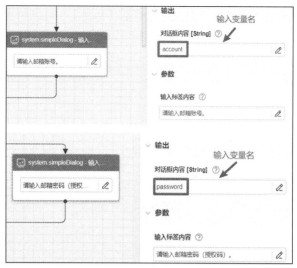

图 4-16　输入账号和密码

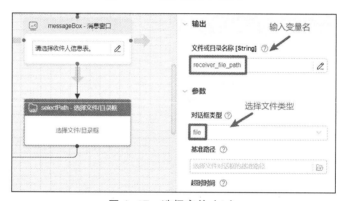

图 4-17　选择文件（1）

再添加一对［消息窗口］控件和［选择文件/目录框］控件，提示用户选择要发送的附件（报价单），将附件所在的文件路径放到变量"file_attach"中，如图 4-18 所示。

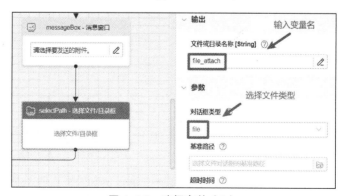

图 4-18　选择文件（2）

（4）在控件面板搜索［结束 Excel 进程］控件和［打开 Excel 文件］控件添加至［选择文件/目录框］控件下方，在其属性面板中设置参数内容。具体设置如下："Excel 文件路径"处引用变

量 "@{receiver_file_path}"；将打开的 Excel 表命名为 "reciver_file"；软件类型选择 Excel 类型；
"工作表 Sheet" 处输入工作表名 "sheet1"，如图 4-19 所示。

图 4-19　打开 Excel 文件

在控件面板中搜索［获取区域文本］控件、［关闭 Excel 工作簿］控件，添加至［打开 Excel 文件］控件下方，在其属性面板中设置参数内容。具体设置如下："Excel 对象" 选择 reciver_file 这个变量中存储的表；"文本内容" 处设置变量 "list_receiver"；"返回值类型" 选择 list 类型；"工作表 Sheet" 处输入工作表名 "sheet1"；"单元格位置" 将获取区域写大一点 "A2:B100"；"格式化方法" 选择 "skipLastEmpty"，如图 4-20 所示。

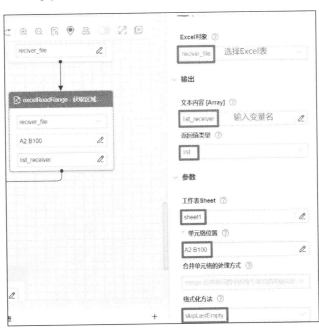

图 4-20　获取区域文本

（5）在控件面板中搜索［遍历/计次循环］控件，添加至［关闭 Excel 工作簿］控件下方，在其属性面板中设置参数内容。具体设置如下："数据集合" 处引用变量 "@{list_receiver}"；"条目名称" 处设置变量 "item"，表示遍历 list_receiver 中的每一个元素，每次遍历将获取到的元素赋值给 item，如图 4-21 所示。

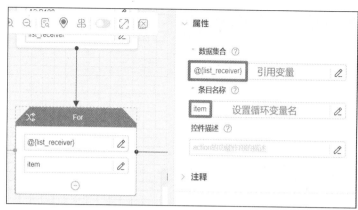

图 4-21　遍历循环

在［遍历/计次循环］控件下方添加［发送邮件(smtp)］控件，在"创建连线"窗口中选择"进入循环体"选项，如图 4-22 所示。

图 4-22　进入循环体

［发送邮件(smtp)］控件的作用是设置登录凭证，在其属性面板中设置参数内容。具体设置如下："邮箱服务器"处输入"smtp.qq.com"；"邮箱账号"处输入发件箱账号；"邮箱密码"处输入 16 位授权码，注意不是私人邮箱的密码；在内容设置中，"邮件正文模板"处输入邮件内容"尊敬的@{item[0]}，您好，这是@{time}航远公司的报价单，请查收!"，其中@{time}是引用当前日期变量，@{item[0]}是引用 item 的第一个元素即收件人姓名；"主题"处输入邮件主题；将附件路径变量输入到"邮件附件"中；在发送设置中，引用发件人和收件人变量，如图 4-23 所示。

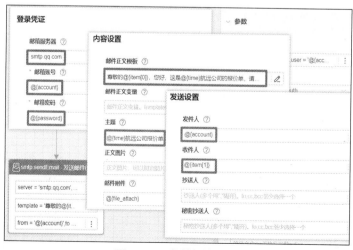

图 4-23　发送邮件设置

（6）添加［消息窗口］控件在［遍历/计次循环］控件下方，选择退出循环体，提示用户已完成，如图 4-24 所示。

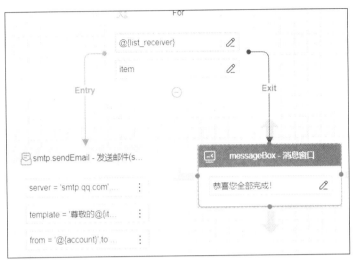

图 4-24　消息窗口

（7）保存并运行机器人，将发件人信息表内邮箱设置到同一邮箱测试，运行结果如图 4-25 所示。

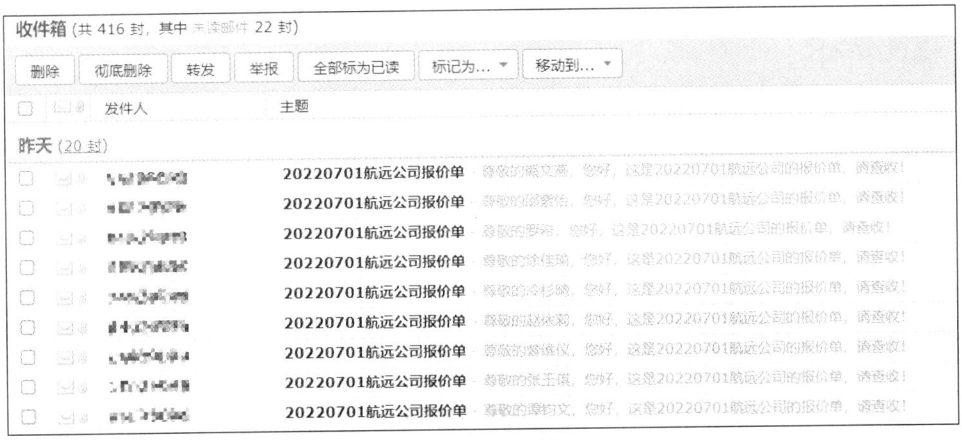

图 4-25　运行结果

任务四　批量下载邮件机器人

任务情境

航远公司销售助理小吴每周都会收到各销售部门发送来的主题为"××地区销售清单"的邮件，其中会有相应地区的销售清单 Excel 文件作为附件。小吴每次需要下载全部地区的销售清单附件，并放到同一文件夹内，如图 4-26 所示。

图 4-26　邮件列表

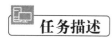

任务描述

小吴在"批量下载邮件机器人"文件夹下新建两个文件夹：一个命名为"批量下载邮件信息"，用于存储 RPA 机器人获取的邮件信息；另一个命名为"批量下载邮件附件"，用于将 RPA 机器人下载的附件复制到该文件夹下，完成复制后，删除文件夹"批量下载邮件信息"。这些操作都利用 RPA 机器人完成。

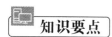

知识要点

RPA 操作控件

1. pop.getEmail —［获取邮件(pop)］控件

［获取邮件(pop)］控件的作用是通过 pop 协议获取收到的邮件信息。该控件的属性设置如图 4-27 所示。"邮箱服务器"处输入服务器名称，必填；"邮箱账号"处输入收件人的账号；"邮箱密码"处输入收件人密码（注意是 16 位授权码），必填。

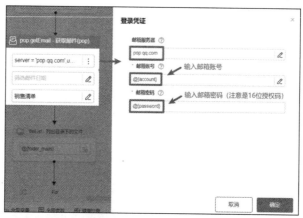

图 4-27　［获取邮件(pop)］控件登录凭证的属性设置

"筛选邮件日期"和"筛选主题"都是可选填项，表示筛选出指定的日期和主题，如图 4-28 所示。

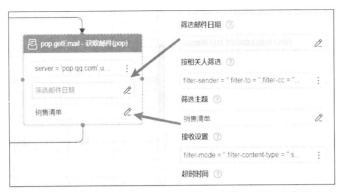

图 4-28 ［获取邮件(pop)］控件筛选日期和主题的属性设置

"接收设置"属性，可以设置邮件接收的模式，"all"表示可以获取所有邮件，"one"表示仅获取一封邮件，还可以设置筛选邮件模式，筛选邮件内容类型可以选择只获取文本或者只获取附件，也可以选择全部获取，如图 4-29 所示。

图 4-29 ［获取邮件(pop)］控件接收设置

2. copyFile – ［复制文件］控件

［复制文件］控件的作用是复制一个指定的文件到目标文件夹中，并返回新文件的文件路径。该控件的属性设置如图 4-30 所示。"资源文件路径"处输入要复制的文件路径，也可以引用变量，必填；"目标路径"处输入新文件存放的路径，可以引用变量，必填；"重命名文件"处可以将复制的文件重命名，选填；"覆盖文件"处下拉框可选择 True 或者 False，表示是否覆盖同名文件，如果文件名存在也不允许覆盖，则需在文件名后面加上"-temp"。

3. creatFolder – ［创建目录］控件

［创建目录］控件的作用是在目标文件夹下，新建一个文件夹，并返回新建文件夹的文件路径。该控件的属性设置如图 4-31 所示。"目录路径"处输入新建目录的路径，可以引用变量；"父目录"是创建文件的存放目录，可以直接输入或者引用变量，必填；"文件夹名"处输入新建的文件夹名称，必填；"覆盖目录"处下拉框可选择 True 或者 False，表示是否覆盖同名目录，如果目录名存在也不允许覆盖，则在目录名后面加上"-temp"。

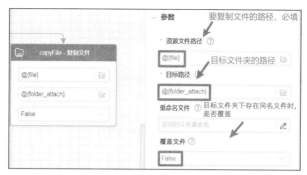

图 4-30 ［复制文件］控件的属性设置

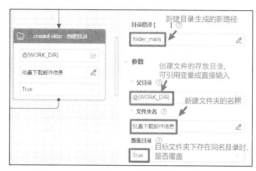

图 4-31 ［创建目录］控件的属性设置

任务实施

一、流程设计

根据任务情境和任务描述，RPA 流程如图 4-32 所示。

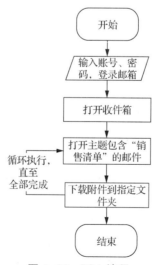

图 4-32 RPA 流程

要使用 RPA 机器人完成批量下载邮件附件的任务，可以参照表 4-4 所示的业务流程步骤。

表 4-4　　　　　　　　　　批量下载邮件附件业务流程步骤

序号	步骤	活动	注意事项
1	提示用户输入邮箱账号、密码	［输入对话框］	输入的邮箱密码是 16 位授权码
2	创建目录用来存放下载的邮件获取邮件	［创建目录］ ［获取邮件(pop)］	（1）服务器名称：pop.qq.com （2）控件属性的设置
3	列出所有文件	［列出目录下的文件］	
4	循环	［遍历/计次循环］	
5	复制文件	［条件分支］if ［复制文件］	判断是否包含"销售清单"，包含就复制
6	删除目录	［删除目录］	
7	提示用户完成	［消息窗口］	

二、操作过程

（1）新建脚本，命名为"批量下载邮件机器人"，在控件面板中搜索［输入对话框］添加至"开始" ▶ 的下方，在其属性面板中设置参数内容。具体设置如下：提示用户输入邮箱账号，存储在变量"account"中，再添加［输入对话框］控件，提示用户输入邮箱密码（注意是 16 位授权码），并存储到变量"password"中，如图 4-33 所示。

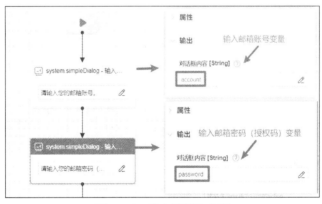

图 4-33　输入账号和密码

在［输入对话框］控件的下方，添加［创建目录］控件，在其属性面板中设置参数内容。具体设置如下：单击"父目录"右边的文件夹图标，选择新目录所放置的路径，然后单击"选择文件夹"按钮，系统自动引用变量"@{WORK_DIR}"；在"文件夹名"处输入"批量下载邮件信息"；"覆盖目录"处选择 True 类型；"目录路径"设置变量"folder_mails"，如图 4-34 所示。

在［创建目录］控件下方添加一个［创建目录］控件，新建一个名为"批量下载邮件附件"的文件夹，将新创建的文件夹路径放置到变量"folder_attach"中，如图 4-35 所示。

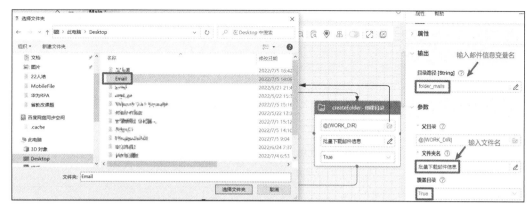

图 4-34 创建目录（1）

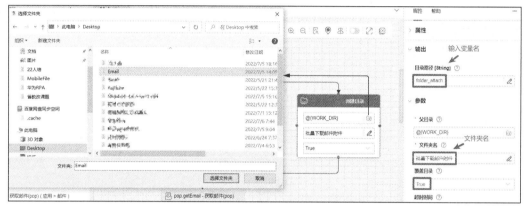

图 4-35 创建目录（2）

（2）在两个［创建目录］控件的下方，添加［获取邮件(pop)］控件，在其属性面板中设置登录凭证。具体设置如下：邮箱服务器是"pop.qq.com"；"服务器端口"处设置为"995"；"邮箱账号"处引用变量"@{account}"；"邮箱密码"处引用变量"@{password}"；筛选主题为"销售清单"，表示筛选出主题包含"销售清单"的所有邮件，如图 4-36 所示。

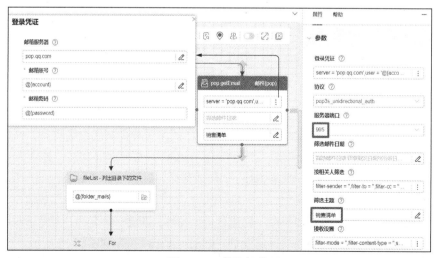

图 4-36 获取邮件

（3）在控件面板内搜索［列出目录下的文件］控件，添加在［获取邮件(pop)］控件下方，在其属性面板中设置参数内容。具体设置如下："目标路径"处引用变量"@{folder_mails}"；"文件列表"处设置变量"list_files"，如图 4-37 所示。

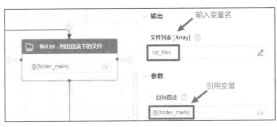

图 4-37　列出目录下的文件

（4）在［列出目录下的文件］控件下方添加控件［循环/计次循环］控件，在其属性面板中设置参数内容。具体设置如下："数据集合"处引用变量"@{list_files}"；"条目名称"处设置变量"file"，如图 4-38 所示。

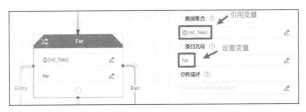

图 4-38　循环

（5）在控件面板中搜索［条件分支］控件，添加至［遍历/计次循环］控件的下方，在弹出的"创建连线"对话框中选择"进入循环体"选项，单击"确定"按钮，如图 4-39 所示。

图 4-39　创建连线（1）

在［条件分支］控件属性面板中设置参数内容。具体设置如下："条件表达式"处输入""销售清单"in file"，判断文件名中是否含有"销售清单"几个字，如图 4-40 所示。

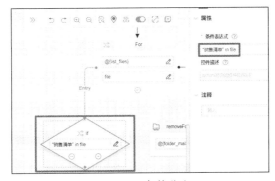

图 4-40　条件分支

在控件面板中搜索［复制文件］控件，添加至［条件分支］控件下方。在弹出的"创建连线"对话框中选择"条件成立"选项，单击"确定"按钮，如图 4-41 所示。

图 4-41　创建连线（2）

在［复制文件］控件属性面板中设置参数内容。具体设置如下："资源文件路径"处引用变量"@{file}"；"目标路径"处引用变量"@{folder_attach}"；"覆盖文件"处选择 False 类型，表示将包含"销售清单"的文件复制到指定文件夹，如图 4-42 所示。

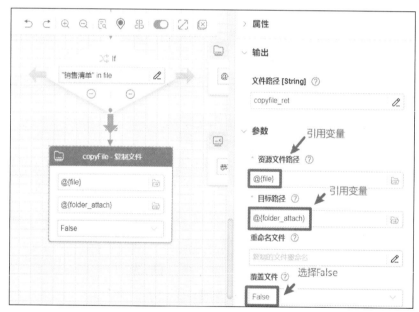

图 4-42　复制文件

（6）在控件面板中搜索［删除目录］控件，添加至［遍历/计次循环］控件下方，在弹出的"创建连线"对话框中选择"退出循环体"选项，单击"确定"按钮，如图 4-43 所示。

图 4-43　创建连线（3）

在［删除目录］控件属性面板中设置参数内容。具体设置如下："文件夹路径"处引用变量"@{folder_mails}"，表示删除多余的文件夹。最后添加［消息窗口］控件，提示用户任务完成，如图 4-44 所示。

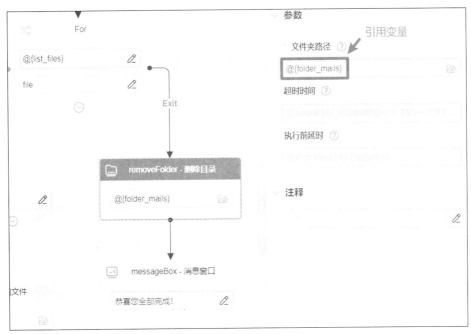

图 4-44　删除目录

（7）运行程序，从邮箱中下载收到的销售清单，并存放到桌面指定文件夹上命名为"E-mail\批量下载邮件附件"的文件夹中，结果如图 4-45 所示。

此电脑 > Desktop > E-mail > 批量下载邮件附件			
名称	修改日期	类型	大小
北京地区销售清单	2022/7/5 14:09	Microsoft Excel ...	7 KB
广东地区销售清单	2022/7/5 14:09	Microsoft Excel ...	7 KB
黑龙江地区销售清单	2022/7/5 14:09	Microsoft Excel ...	7 KB
湖北地区销售清单	2022/7/5 14:09	Microsoft Excel ...	7 KB
江西地区销售清单	2022/7/5 14:09	Microsoft Excel ...	7 KB
上海地区销售清单	2022/7/5 14:09	Microsoft Excel ...	7 KB

图 4-45　运行结果

📖前沿资讯

守住财经纪律"高压线"

2022 年 5 月 25 日，财政部印发《资产管理产品相关会计处理规定》（财会〔2022〕14 号，以下简称《规定》）。制定《规定》主要基于以下考虑：一是配合落实《中国人民银行 中国银行保险监督管理委员会 中国证券监督管理委员会 国家外汇管理局关于规范金融机构资产管理业务的指导意见》(银发〔2018〕106 号，以下简称《资管新规》)，细化对资产管理产品(以下简称资管产品)会计处理的指导，助力资管行业健康发展。二是解决资管产品因自身经营特点和监管要求等面临的特定会计问题，推动资管产品严格执行企业会计准则，提升会计信息质量。三是统一各类资管产品的会计实务，提高资管产品会计信息的可比性，更好地服务投资者的决策需求。

中央全面深化改革委员会第二十五次会议强调"要严肃财经纪律，维护财经秩序，健全财会监督机制"。2021 年年底召开的中央经济工作会议，就"严肃财经纪律"提出明确要求。各地区各部门要严格执行党中央关于财经工作的方针政策和工作部署，把各方面资金管好用好，坚持过紧日子，更好节用裕民，切实担负起稳定宏观经济的责任。

党的十八大以来，财税体制改革向纵深推进，其中一个重要内容就是强化财会监督，严格财经纪律。这是打造法治政府、廉洁政府的有力举措，也是做好经济工作的必然要求。公款当用得其所，既不可靡费也不能入私囊。2021 年全国审计机关移送公共资金资产资源问题线索 7 400 多件，促进增收节支和挽回损失 4 100 多亿元。对违反有关财税法规的问题严肃追责问责，确保了公共资金使用安全，让该花的钱花出了最大效用。当前我国经济发展环境的复杂性、严峻性、不确定性上升，更需要切实加强财政管理，规范收支行为，严防违规建设楼堂馆所、发放津贴补贴、搞政绩工程形象工程等问题，推动积极的财政政策提高效能，稳住宏观经济大盘。

严肃财经纪律，能够促进公共资金资产资源安全高效使用，充分体现财政性资金"取之于民、用之于民"的公共属性。财政资金使用必须注重效益，要算经济账，也要算综合账，确保花在刀刃上。从实践看，有的地方硬化预算约束，要求花钱必问效、无效必问责，集中财力保障重大战略决策部署落实；有的地方清查变异隐形"小金库"，严禁违规发放津贴补贴；有的地方加强直达资金监督管理，确保有关直达资金切实惠企利民。严肃财经纪律，说到底就是要守住公款公用的生命线。

(资料来源：《人民日报》，有删减，2022 年 5 月 31 日)

课后练习

一、单选题

1. E-mail 自动化是 RPA 的应用场景之一，下列关于［发送邮件(smtp)］控件的属性设置不正确的是(　　)。

A. 属性"邮箱服务器"表达式必须放在英文双引号之中

B. 属性"服务器端口"的设置只能在下拉菜单中进行选择设置

C. 自动发送邮件可以作用［发送邮件(smtp)］控件，也可以使用其他控件实现

D. 属性"邮箱服务器"和"服务器端口"是发件人邮箱的服务器和端口

2. 某公司财务部每月需要向员工发送工资条，关于工资条的自动发送业务，下列表述正确的有(　　)。

A. 可能用到［发送邮件(smtp)］控件　　B. 一定要用到［发送邮件(smtp)］控件

C. 可能会用到［输入对话框］控件　　D. 一定要用到［输入对话框］控件

3. ［发送邮件(smtp)］控件只是 E-mail 自动化主要控件之一。(　　　)

A. 正确　　　　　　　　　　　　　　B. 错误

二、操作题

1. 使用 RPA 机器人将今日报价单发送至单个客户邮箱。

2. 使用 RPA 机器人将今日报价单发送至多个客户邮箱。

3. 某公司在全国有 20 家分店，每天这些门店都会给总公司小郭发送主题为"门店销售日报"的邮件，小郭每天都要登录邮箱下载这些邮件，再把它们归类到同一文件夹中，试用 RPA 机器人帮助小郭实现自动下载这些邮件并归类销售日报。

RPA 在财务中的应用：Web 和 OCR 应用

- **知识目标**
  1. 掌握浏览器扩展程序的设置
  2. 掌握 Web 与 OCR 相关控件的操作方法
  3. 掌握 RPA 网页交互、应用程序交互的方法
- **能力目标**
  1. 能应用 RPA 进行网页交互、应用程序交互与 OCR 识别
  2. 能应用 RPA 获取网页信息并保存
  3. 能应用 RPA 提取发票信息并保存
- **素养目标**
  1. 具备归纳财务流程规律的能力
  2. 遵循诚实守信的职业道德和认真严谨的工作作风
  3. 具备终身学习的意识，培养跨专业流程设计的思维能力

RPA 机器人能够模拟人类对网页浏览器的一系列操作，实现一些重复性高、业务量大的人工操作业务的自动化。

在 RPA 机器人应用较为广泛的金融、财税部门，经常有大量的非结构化、非数字化数据与信息（如纸质凭证发票、账册、合同信息等）需要处理。这就需要用到 OCR（Optical Character Recognition，光学字符识别）技术。光学字符识别是指电子设备（例如扫描仪或数码相机）检查纸上打印的字符，然后用字符识别方法将形状翻译成计算机文字的过程，即对文本资料进行扫描，然后对图像文件进行分析处理，获取文字及版面信息的过程。

在 RPA+OCR 环境下，应用 OCR 技术可以把纸质的凭证发票、账册、合同信息扫描到计算机中，识别为电子逻辑信息，转换成可编辑的电子文档，并加载到数字化数据库中，帮助财务人员快捷处理发票、报表等，让忙碌的财务人员从低附加值的工作中解脱出来。

💡 **说明**

在实现 Web 应用自动化之前，用户必须对浏览器进行必要的设置。本模块使用的 Web 教学案例均使用 Chrome 浏览器。

浏览器设置方法如下。

（1）打开华为 WeAutomate 设计器，单击"主页"左侧的"设置"按钮，执行"驱动"—

"Chrome" 命令，下载并导入目标浏览器 Chrome 的驱动程序，如图 5-1 所示。

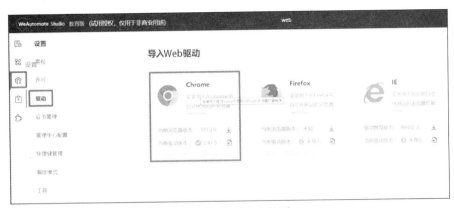

图 5-1　导入 Web 驱动

（2）打开 Chrome 浏览器，执行"更多操作"—"设置"—"扩展程序"命令，启动"WeAutomate Web"，如图 5-2 所示。

图 5-2　启动扩展程序

完成上述操作后，我们就可以通过 WeAutomate 来完成对 Web 应用的自动化，包括输入信息、抓取数据、单击按钮等基本操作。

任务一　自动获取指数机器人

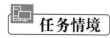

任务情境

　　每个交易日收盘后，基金公司分析员小秦都要登录同花顺网站了解当日大盘的指数情况，便于后面的行情分析。小秦需要将上证指数、深证指数和创业板指数复制到表格中保存下来。

任务描述

　　请帮小秦设计一个 RPA 机器人，能够在每个交易日收盘后自动登录同花顺网站，打开行情中心，复制上证指数、深证指数和创业板指数，并粘贴到 Excel 表格中。

知识要点

RPA 操作控件

1. openurl –［打开网页］控件

　　［打开网页］控件的作用是打开指定网页并选择浏览器类型，以及选择是否最大化窗口。该控件的属性设置如下：在"网页地址"处输入需要登录的网址，必填；"浏览器类型"可选择谷歌的 Chrome 浏览器或者微软的 IE 浏览器，这里建议使用谷歌 Chrome 浏览器；"最大化打开网页"下拉框可选择 True 或者 False，选择 True 表示最大化窗口，选择 False 表示不最大化窗口，如图 5-3 所示。

> **注意**
>
> 　　url 中需要填写对应的协议，例如 http、https、file 等，输入时可以先打开网页，然后复制粘贴网址，不可以直接输入网址。

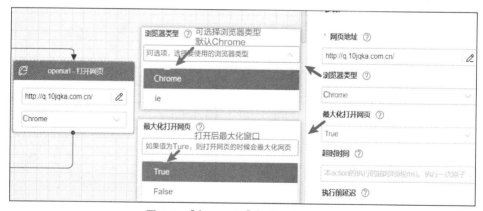

图 5-3　［打开网页］控件的属性设置

2. getText –［获取网页文本］控件

　　［获取网页文本］控件的作用是从指定页面的界面元素中提取文本，并将其存储在变量中。其

属性设置如下："文本信息"处设置变量，将从网页上获取的信息保存到此变量中；"目标元素"处设置鼠标单击拾取器，可录制或拾取网页中的元素信息；"等待页面加载"是指执行操作前等待页面的加载策略，选择"complete"表示等待页面加载完成，选择"loading"表示不等待页面加载完成，默认设置为"complete"，如图 5-4 所示。

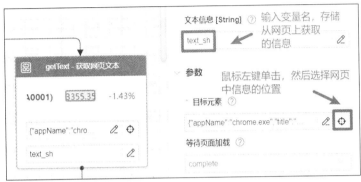

图 5-4　［获取网页文本］控件的属性设置

任务实施

一、流程设计

根据任务情境和任务描述，RPA 流程如图 5-5 所示。

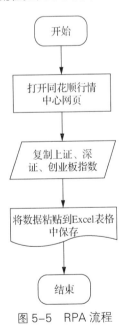

图 5-5　RPA 流程

要使用 RPA 财务机器人完成上证、深证、创业板指数获取及输出任务，可设计其业务流程步骤如表 5-1 所示。

表 5-1   业务流程步骤

序号	步骤	活动	注意事项
1	打开同花顺行情中心网页	［打开网页］	浏览器使用谷歌 Chrome 浏览器，url 中要填写对应的协议
2	获取上证、深证、创业板指数文本	［获取网页文本］ ［关闭网页窗口］	文本信息存储到变量中
3	获取当日时间	［获取时间］	时间格式
4	弹出消息窗口	［消息窗口］	

二、操作过程

（1）新建脚本，命名为"自动获取指数机器人"。在控件面板中搜索［打开网页］控件，添加至"开始" ▶ 的下方，并在其属性面板中设置参数内容。具体设置如下：在"网页地址"处输入同花顺行情中心网页的 url "http://q.10jqka.com.cn/"；"浏览器类型"选择 Chrome；"最大化打开网页"选择 True，表示打开网页后默认最大化，如图 5-6 所示。

图 5-6　打开网页

打开的同花顺行情中心网页如图 5-7 所示。

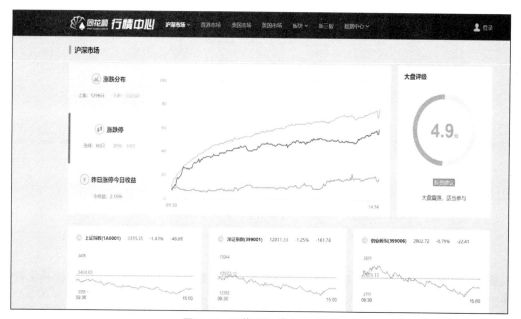

图 5-7　同花顺行情中心网页

（2）将打开的同花顺行情中心网页置于华为 WeAutomate 设计器下一层，在［打开网页］控件下方添加［获取网页文本］控件，在其属性面板中设置参数内容。具体设置如下：单击"目标元素"右边的"拾取元素"图标⊕，在打开的同花顺行情中心网页上，鼠标指针移至当日上证指数 3355.35 上，此时指数被覆盖蓝色小方框，表明已获取到网页的文本，如图 5-8 所示。

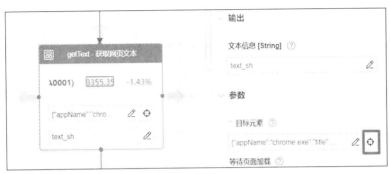

图 5-8　获取上证指数

单击鼠标左键确定拾取范围，将获取到的上证指数网页文本存储到变量 text_sh 中，如图 5-9 所示。

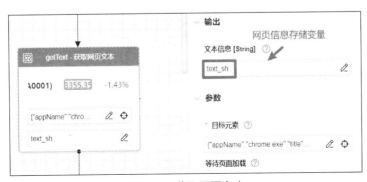

图 5-9　获取网页文本

同理，添加 2 个［获取网页文本］控件，分别获取深证指数和创业板指数，并分别存储到变量 text_sz 和 text_ino 中。再添加［关闭网页窗口］控件，选择关闭同花顺行情中心网页。

（3）在［关闭网页窗口］控件下添加［获取时间］控件，获取当日的时间，并存储在变量 time 中，如图 5-10 所示。

（4）在［获取时间］控件后添加［消息窗口］控件，在其属性面板中将消息窗口信息设置为 "@{time}上证指数@{text_sh}，深证指数@{text_sz}，创业板指数@{text_ino}"，完成机器人的开发，如图 5-11 所示。

图 5-10 获取时间　　　　　　　　　　　图 5-11 消息窗口

（5）运行机器人，程序结束后，弹出消息框，显示当日的指数收盘情况，如图 5-12 所示。

图 5-12 运行结果

任务二 股票信息抓取机器人

 **任务情境**

基金公司交易分析员小秦，每个交易日都要抓取沪市 A 股上市公司各只股票的详细信息，并以此为基础作整体市场面分析。

任务描述

请帮小秦设计一个 RPA 机器人，能够在每个交易日收盘后登录新浪财经网站，打开行情中心，找到沪市 A 股股票的行情页面，逐页复制股票信息结构化数据，并粘贴到 Excel 表格中。

知识要点

RPA 操作控件

1. getTable – ［获取网页表格］控件

［获取网页表格］控件的作用是专门用来获取网页中表格数据的控件，支持网页中带有 table 标签的标准表格数据的获取，同时也支持分页数据的获取。返回值可选 list 或者 DataFrame 类型，默认为 DataFrame 类型；"目标元素"处设置鼠标单击拾取器，在页面中选择目标表格，如图 5-13 所示。

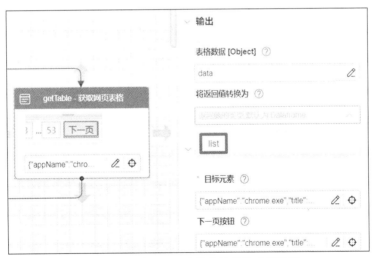

图 5-13 ［获取网页表格］控件的属性设置

2. pandas.writetoexcel – ［表格写入 Excel］控件

［表格写入 Excel］控件的作用是将获取到的表格数据写入已存在的 Excel 文件中。"表格对象"处输入 DataFrame 类型的变量；"Excel 文件路径"处输入已存在的 Excel 文件路径；"Sheet 名称"处输入指定的 Sheet 页，默认是 Sheet1；"指定数据列"是指定 DataFrame 中的哪些列需要写入 Excel 中，格式为［"col1"，"col2"］，默认是所有列；"是否写入列头"是指 Excel 表格第一行（标题

行）是否写入，默认写入；"是否写入行号"是指写入的 Excel 表格是否新加一列行号，默认新加，如图 5-14 所示。

图 5-14 ［表格写入 Excel 文件］控件的属性设置

任务实施

一、流程设计

根据任务情境和任务描述，RPA 流程如图 5-15 所示。

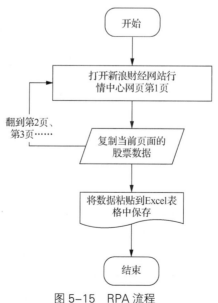

图 5-15 RPA 流程

要使用RPA财务机器人完成股票数据抓取任务，可设计其业务流程步骤如表5-2所示。

表5-2　　　　　　　　　　　　　　　　业务流程步骤

序号	步骤	活动	注意事项
1	打开新浪财经网站行情中心网页	［打开网页］	url中要填写对应的协议，不能直接输入网址
2	获取数据	［获取网页表格］	（1）"目标元素"拾取 （2）"下一页按钮"拾取
3	数据写入Excel表格	（1）［结束Excel进程］ （2）［打开Excel文件］ （3）［表格写入Excel］ （4）［保存工作簿］ （5）［关闭工作簿］	（1）设置Excel基本三流程 （2）新建一个Excel文件再写入数据
4	提示用户完成	［消息窗口］	

二、操作过程

（1）新建脚本，命名为"沪A股票信息抓取机器人"。在控件面板中搜索［打开网页］控件，添加至"开始"　▶　的下方，在其属性面板中设置参数内容。具体设置如下：在"网页地址"处输入新浪财经沪市A股行情中心的网址"https://vip.stock.finance.sina.com.cn/mkt/#sh_a"，注意需要输入对应的协议；"浏览器类型"选择Chrome；"最大化打开网页"选择True，如图5-16所示。

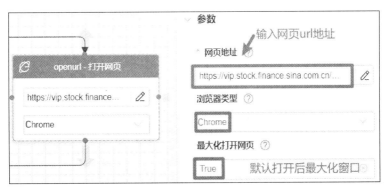

图5-16　打开网页

（2）将新浪财经沪市A股行情中心网页置于设计器下一层，在控件面板中搜索［获取网页表格］控件，在其属性面板中设置参数内容。具体设置如下：单击"目标元素"右侧的"拾取元素"图标⊕，用鼠标选取网页中间沪市A股股票的具体信息，此时选中区域变成蓝色方框，单击鼠标左键确认获取蓝色方框内数据，如图5-17所示。

在"下一页按钮"中，单击右边的"拾取元素"图标⊕，将鼠标指针移动到行情网页"下一页"按钮上变成蓝色，单击确认获取下一页元素。将刚才获取到的表格数据存入变量data中，数据类型为默认的DataFrame类型，如图5-18所示。

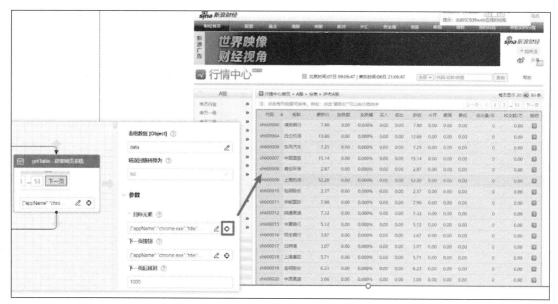

图 5-17　获取网页表格

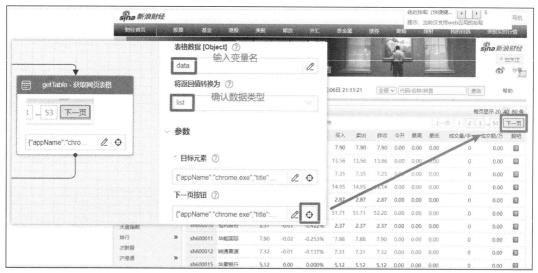

图 5-18　拾取元素

（3）控件面板内搜索［结束 Excel 进程］控件，添加到［获取网页表格］控件下方，再添加［打开 Excel 文件］控件至［结束 Excel 进程］控件下方。在［打开 Excel 文件］控件的属性面板中设置参数内容。具体设置如下："Excel 文件对象别名"处输入"excel1"；"软件类型"处选择 Excel；单击"Excel 文件路径"右边的文件夹图标，用户可手动选择新建 Excel 表格的存放位置，并在选择路径后键入表格名称"stockdata.xlsx"；"工作表 Sheet"处输入"sheet1"，如图 5-19 所示。

添加［保存工作簿］控件和［关闭工作簿］控件，对象均是 excel1，完成 Excel 基本三流程。添加 Excel 基本三流程的目的是新建一个名为 stockdata 的 Excel 文件，用来写入抓取的表格数据，如图 5-20 所示。

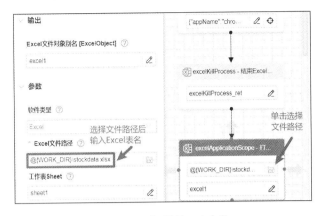

图 5-19　打开 Excel 文件

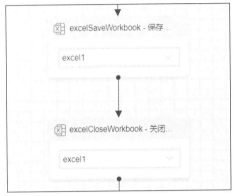

图 5-20　保存、关闭工作簿

　　添加［表格写入 Excel］控件至［关闭工作簿］控件下方，在其属性面板中设置参数内容。具体设置如下："表格对象"处引用变量"@{data}"；"Excel 文件路径"处输入［打开 Excel 文件］中设置的路径；其他参数选择默认，如图 5-21 所示。

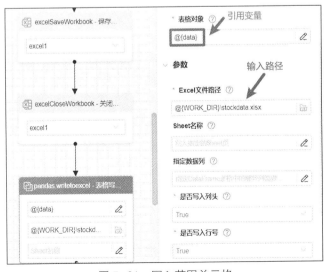

图 5-21　写入范围单元格

（4）最后添加［消息窗口］控件，将消息窗口信息设置为"恭喜你完成！"，如图 5-22 所示。

图 5-22　消息窗口

（5）运行机器人，共抓取 A 股沪市 2 000 多家上市公司的股票交易数据并保存在 stockdata.xlsx 中，部分结果如图 5-23 所示。

	A	B	C	D	E	F	G	H	I	J	K	L	M	N	O
1		代码	名称	最新价	涨跌额	涨跌幅	买入	卖出	昨收	今开	最高	最低	成交量/手	成交额/万	股吧
2	0	sh600000	浦发银行	7.20	-0.01	-0.139%	7.20	7.21	7.21	7.18	7.28	7.18	175,446	12,698.92	
3	1	sh600004	白云机场	13.05	-0.10	-0.760%	13.05	13.06	13.15	13.18	13.20	13.01	71,082	9,293.87	
4	2	sh600006	东风汽车	6.66	-0.19	-2.774%	6.66	6.67	6.85	6.89	6.65	6.65	431,769	28,995.22	
5	3	sh600007	中国国贸	14.39	+0.04	+0.279%	14.39	14.40	14.35	14.23	14.45	14.23	17,332	2,487.53	
6	4	sh600008	首创环保	2.85	+0.02	+0.707%	2.85	2.86	2.83	2.83	2.86	2.82	453,005	12,901.76	
7	5	sh600009	上海机场	56.44	-0.26	-0.459%	56.44	56.45	56.70	56.74	56.90	56.27	65,719	37,144.01	
8	6	sh600010	包钢股份	2.13	0.00	0.000%	2.13	2.14	2.13	2.13	2.15	2.13	2,367,725	50,619.74	
9	7	sh600011	华能国际	7.92	+0.72	+10.000%	7.92	0.00	7.20	7.18	7.92	7.07	1,487,601	112,535.21	
10	8	sh600012	皖通高速	6.74	+0.04	+0.597%	6.73	6.74	6.70	6.68	6.77	6.68	30,072	2,024.14	
11	9	sh600015	华夏银行	5.10	0.00	0.000%	5.10	5.11	5.10	5.09	5.14	5.09	200,029	10,246.76	
12	10	sh600016	民生银行	3.63	-0.02	-0.548%	3.62	3.63	3.65	3.64	3.66	3.61	461,686	16,813.46	
13	11	sh600017	日照港	2.95	0.00	0.000%	2.94	2.95	2.95	2.94	2.97	2.93	177,835	5,241.67	
14	12	sh600018	XD上港集	5.25	+0.03	+0.575%	5.24	5.25	5.22	5.24	5.27	5.21	202,283	10,623.49	
15	13	sh600019	宝钢股份	5.35	+0.04	+0.753%	5.34	5.35	5.31	5.31	5.39	5.29	566,981	30,370.52	
16	14	sh600020	中原高速	3.00	+0.01	+0.334%	3.00	3.01	2.99	3.00	3.01	2.99	44,065	1,323.44	
17	15	sh600021	上海电力	10.42	+0.95	+10.032%	10.42	0.00	9.47	9.45	10.42	9.32	1,405,799	142,435.05	
18	16	sh600022	山东钢铁	1.61	0.00	0.000%	1.60	1.61	1.61	1.61	1.62	1.60	371,485	5,990.83	
19	17	sh600023	浙能电力	3.68	+0.07	+1.939%	3.67	3.68	3.61	3.60	3.72	3.59	597,314	21,897.06	
20	18	sh600025	华能水电	7.19	+0.16	+2.276%	7.19	7.20	7.03	7.02	7.22	6.99	384,103	27,380.46	
21	19	sh600026	中远海能	14.36	-0.74	-4.901%	14.36	14.38	15.10	15.35	15.35	14.22	525,660	76,726.20	
22	20	sh600027	华电国际	5.74	-0.52	-9.962%	5.74	0.00	5.22	5.21	5.74	5.15	1,685,693	93,980.47	
23	21	sh600028	中国石化	4.14	+0.01	+0.242%	4.14	4.15	4.13	4.13	4.16	4.12	953,036	39,530.55	
24	22	sh600029	南方航空	6.29	+0.06	+0.963%	6.29	6.30	6.23	6.25	6.35	6.21	298,723	18,763.84	
25	23	sh600030	中信证券	19.98	-0.04	-0.200%	19.98	19.99	20.02	20.04	20.15	19.96	373,062	74,857.00	
26	24	sh600031	三一重工	16.26	-0.12	-0.733%	16.26	16.27	16.38	16.55	16.55	16.21	401,416	65,662.01	
27	25	sh600032	浙江新能	14.81	+0.61	+4.296%	14.81	14.82	14.20	14.28	14.95	14.00	299,870	43,696.65	
28	26	sh600033	福建高速	2.81	+0.01	+0.357%	2.80	2.81	2.80	2.80	2.82	2.79	72,143	2,026.30	
29	27	sh600035	楚天高速	3.40	0.00	0.000%	3.40	3.41	3.40	3.40	3.44	3.39	115,985	3,956.18	

图 5-23　运行结果（部分）

任务三　OCR 读取增值税发票机器人

任务情境

　　北京网中网科技有限公司使用 OA 报销系统，所有发票都需上传到系统中，财务人员小柳每天都要统计发票信息并汇总核对。他需要登记发票代码、购买方、销售方、金额、税额等关键信息，把信息填入名为 invoice.xlsx 的 Excel 表中，如图 5-24 所示，工作内容重复性高且非常容易出错。

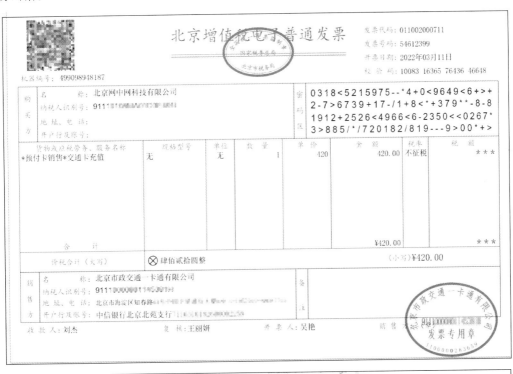

图 5-24　发票与 Excel 登记表

任务描述

　　小柳要将增值税发票中的几项重要信息统计到 Excel 工作簿中。发票信息不能复制，只能人工誊写。利用 RPA 财务机器人的 OCR 识别技术，能够快速实现发票信息的读取与写入，大大减轻小柳的工作压力。

知识要点

一、OCR 技术介绍

OCR 是英文 Optical Character Recognition 的缩写，意思是光学字符识别，也可简单地称为文字识别，是文字自动输入的一种方法。它通过扫描和摄像等光学输入方式获取纸张上的文字图像信息，利用各种模式识别算法分析文字形态特征，判断出汉字的标准编码，并按通用格式存储在文本文件中。办公领域中经常用到，即将报纸、杂志等媒体上刊载的有关文稿通过扫描仪进行扫描，随后进行 OCR 识别，或存储成图片文件留待以后进行 OCR 识别，将图片文件转换成文本文件或 Word 文件进行存储。

数字化信息的存储和传输不仅成本低、效率高，而且能够适应排版，是网络传输不断发展的需要。目前 OCR 软件与扫描仪的搭配已应用到信息化时代的多个领域，如数字化图书馆，各种报表的识别，以及银行、税务系统票据的识别等。随着网络化、信息化的发展与普及，其应用范围将越来越广泛。

二、RPA 操作控件

1. pdfToImage – ［PDF 转为图片］控件

［PDF 转为图片］控件的作用是把指定的 PDF 文件转换为图片，并以指定的名称保存在指定的文件夹中，同时将转换后图片路径以 list（列表）的形式存放在变量中。

在使用此控件前，必须安装 pyMupdf1.17.7 及以上版本第三方库，以 pyMupdf1.17.7 版本为例，安装方法如下：

（1）用户桌面上选择"WeAutomate"图标，单击鼠标右键，从弹出菜单中选择"打开文件所在的位置"，如图 5-25 所示。

（2）双击并打开"python"文件夹，如图 5-26 所示。

图 5-25　打开文件所在的位置

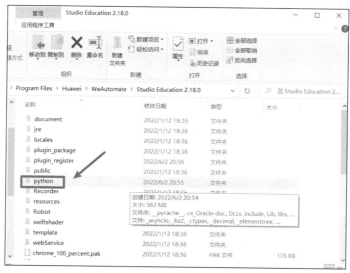

图 5-26　python 文件夹

（3）在路径栏中输入"cmd"，打开 Windows 操作系统中可用的命令行解释器应用程序，如图 5-27 所示。

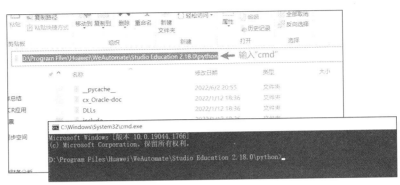

图 5-27　打开命令行解释器

（4）在命令行解释器窗口输入命令"python.exe -m pip install pymupdf==1.17.7"，如图 5-28 所示。如果觉得安装速度太慢，也可以采用镜像安装的方法。

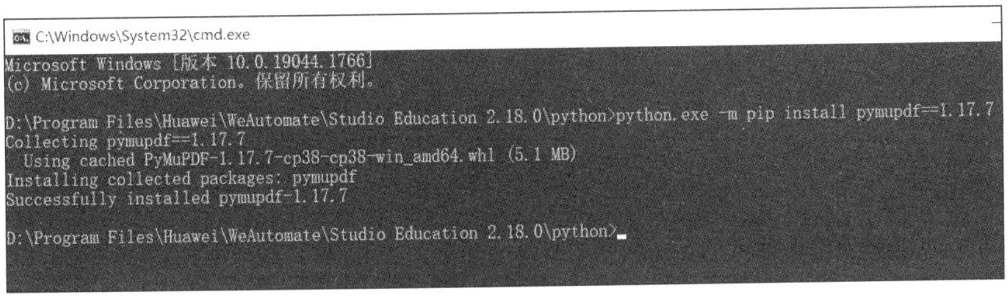

图 5-28　安装 pyMupdf 第三方库

（5）安装完成后，就可以使用［PDF 转为图片］控件了。该控件的各项参数含义如下："文件路径"是指要转换的 PDF 文件所在路径；"保存路径"是转换后的图片所存放的路径；"保存文件名"是指要保存的图片文件名称，一定要带图片的扩展名，如".png"".jpg"".jpeg"等；"指定转换图片的页数"参数中，选项 all 表示全部转换，1 表示转换第 1 页，2～3 表示转换第 2～3 页，如图 5-29 所示。

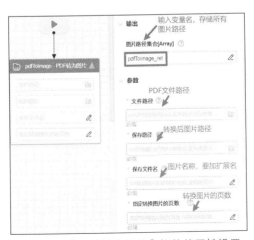

图 5-29　［PDF 转为图片］控件的属性设置

2. exec.py –［调用 python 脚本中的函数］控件

使用［调用 python 脚本中的函数］控件时，首先要设置 "python 文件"（即要执行的 python 脚本的绝对路径），其次是设置 "调用的函数名"（如果不设置，则默认调用整个 python 脚本），最后是设置 "函数参数"（即调用的函数或者脚本中需要传入的参数）。

> 📝**注意**
>
> 在填写具体的函数参数时，可以直接填写，也可以通过引入变量 @{} 的形式填写，多个参数之间用 ";" 隔开。当参数为字符串类型时，必须加上双引号；当参数为除字符串类型外的其他类型时（包括引入变量的形式），无须加上双引号；当参数为路径字符串时，应使用转义字符。

［调用 python 脚本中的函数］控件的属性设置如图 5-30 所示。

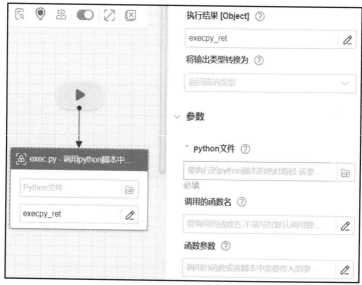

图 5-30　［调用 python 脚本中的函数］控件的属性设置

三、字典

字典（Dictionary）作为一种常用的数据结构，是由 <key, value> 类型的元素组成的键值对集合，相当于保存两组数据，其中一组数据是关键数据，被称为 key；另一组数据可通过 key 来访问，被称为 value。字典是可变类型，键和值之间用 ":" 隔开，键值对之间用 "," 隔开。不同的键值对构成了一个字典。字典用 {} 表示，基本格式为：dict = {key1: value1, key2: value2}。例如，dict1={ " 销售费用 " : 2000, " 管理费用 " : 3000, " 财务费用 " : 5000}。

字典的常规操作如表 5-3 所示。

表 5-3　　　　　　　　　　　　　　字典的常规操作

项目	操作方法	结果
访问字典的值	访问 dict1 中的管理费用	dict1［ " 管理费用 " ］=3000

续表

项目	操作方法	结果
修改字典中的值	dict1［"管理费用"］=1000	dict1={"销售费用":2000,"管理费用":1000,"财务费用":5000}
添加键值对	dict1［"研发费用"］=9000	dict1={"销售费用":2000,"管理费用":3000,"财务费用":5000,"研发费用":9000}
删除键值对	del dict1［"管理费用"］	dict1={"销售费用":2000,"财务费用":5000}
删除字典	del dict1	删除字典，清除字典内的所有内容，如果后续脚本依旧引用此变量，则会报未定义错误
返回所有键	dict1.keys()	dict1_keys=（［"销售费用","管理费用","财务费用"］）
返回所有值	dict1.values()	dict1_values=（［2000,3000,5000］）
返回所有键值对	dict1.items()	dict1_items=（［"销售费用":2000,"管理费用":3000,"财务费用":5000］）

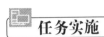

一、流程设计

根据任务情境和任务描述，RPA流程如图5-31所示。

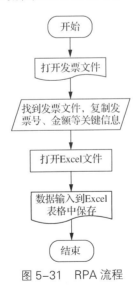

开始

打开发票文件

找到发票文件，复制发票号、金额等关键信息

打开Excel文件

数据输入到Excel表格中保存

结束

图5-31　RPA流程

要使用RPA财务机器人完成增值税发票的信息读取任务，业务流程步骤如表5-4所示。

表5-4　　　　　　　　　　业务流程步骤

序号	步骤	活动	注意事项
1	发票PDF文件转为图片	［PDF转为图片］	将PDF文件转换成图片
2	增值税发票的读取	［调用python脚本中的函数］	调用增值税发票识别第三方库vat_invoice

续表

序号	步骤		活动
3	写入 Excel 文件	（1）［结束 Excel 进程］ （2）［打开 Excel 文件］ （3）［写入单元格］ （4）［保存工作簿］ （5）［关闭工作簿］	（1）设置 Excel 基本三流程 （2）将读取的发票信息写入 Excel 表格
4	提示用户完成	［消息窗口］	

二、操作过程

（1）新建脚本，命名为"OCR 读取增值税发票机器人"。在控件面板中搜索［PDF 转为图片］控件，在其属性面板中设置参数内容。具体设置如下：在"文件路径"处输入 PDF 文件所存放的路径；"保存路径"处选择项目包所在的位置，系统会自动引用变量"@{WORK_DIR}"；"保存文件名"处输入 PDF 转换成图片后的名称，必须以".png"".jpg"".jpeg"等扩展名结尾，如"1.png"；"指定转换图片的页数"处输入"1"，表示只需要转换一张图片，如图 5-32 所示。说明：在图 5-32 中，系统会将转换后的图片文件自动命名为"1_001.png"。

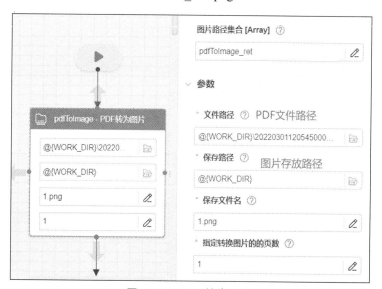

图 5-32　PDF 转为图片

（2）在［PDF 转为图片］控件下方添加［调用 python 脚本中的函数］控件，并在其属性面板中设置参数内容。具体设置如下：首先需要把本书提供的 manas.py 文件复制到自己的项目包中，"python 文件"处选择 manas.py 文件的路径；"调用的函数名"处填写 python 中增值税发票识别第三方库名"vat_invoice"；"函数参数"处填写要识别图片的文件名（注意使用转义字符）。识别结果会被保存到变量"invoice"中。"invoice"是一个字典类型的变量，包含了一系列键值对，并且这个字典中还嵌套了一个字典，可以用消息窗口输出观察。具体的属性设置如图 5-33 所示。

{'invoice_type': {'word': '增值税电子普通发票', 'confidence': 1.0}, 'invoice_type_org': {'word': '北京增值税电子普通发票', 'confidence': 0.99}, 'invoice_code': {'word': '011002000711', 'confidence': 0.9975}, 'invoice_num': {'word': '54612399', 'confidence': 0.9995}, 'invoice_date': {'word': '2022年03月11日', 'confidence': 0.9986}, 'purchaser_bank': {'word': '', 'confidence': 0.0}, 'total_amount': {'word': '¥420.00', 'confidence': 0.9952}, 'total_tax': {'word': '***', 'confidence': 0.9855}, 'purchaser_name': {'word': '北京网中网科技有限公司', 'confidence': 0.9993}, 'purchaser_register_num': {'word': '91110108MA01D3E49N', 'confidence': 0.9976}, 'purchaser_address': {'word': '', 'confidence': 0.0}, 'amount_in_words': {'word': '肆佰贰拾圆整', 'confidence': 0.9992}, 'amount_in_figures': {'word': '¥420.00', 'confidence': 0.9967}, 'seller_name': {'word': '北京市政交通一卡通有限公司', 'confidence': 0.9999}, 'seller_register_num': {'word': '91110000801145381H', 'confidence': 0.9979}, 'seller_address': {'word': '北京市海淀区知和路63号中国卫星通信大厦B座15-19层010-88087755', 'confidence': 0.9883}, 'seller_bank': {'word': '中信银行北京北苑支行7116310182600002259', 'confidence': 0.9992}, 'checker': {'word': '王丽妍', 'confidence': 0.9985}, 'note_drawer': {'word': '吴艳', 'confidence': 0.9983}, 'payee': {'word': '刘杰', 'confidence': 0.9997}, 'machine_code': {'word': '499098948187', 'confidence': 0.9985}, 'check_code': {'word': '16365', 'confidence': 0.9992}, 'encryption_block': {'word': '0318<5215975--*4+0<9649<6+>+2-7>6739+17-/1+8<*+379**-8-81912+2526<4966<6-2350<<0267*3>885/*/720182/819--9>00*+>', 'confidence': 0.9985}, 'remarks': {'word': '', 'confidence': 0.0}, 'item_list': [{'commodity_name': {'word': '*预付卡销售*交通卡允值', 'confidence': 0.9997}, 'commodity_type': {'word': '无', 'confidence': 0.9961}, 'commodity_unit': {'word': '无', 'confidence': 0.9945}, 'commodity_num': {'word': '1', 'confidence': 0.9981}, 'commodity_price': {'word': '420', 'confidence': 0.9995}, 'commodity_amount': {'word': '420.00', 'confidence': 0.9961}, 'commodity_tax_rate': {'word': '不征税', 'confidence': 0.999}, 'commodity_tax': {'word': '***', 'confidence': 0.9909}}], 'seller_stamp': {'word': '北京市政交通一卡通有限公司', 'confidence': 0.6208}}

图 5-33　增值税发票识别

在文件包中新建一个 Excel 工作簿，命名为"invoice.xlsx"，并将"发票代码"列设置为文本格式。然后在［调用 python 脚本中的函数］控件下方添加［结束 Excel 进程］控件和［打开 Excel文件］控件，并在［打开 Excel 文件］控件属性面板中设置参数内容。具体设置如下："Excel 文件对象别名"处输入文件别名"excel1"；"软件类型"选择 Excel；在"Excel 文件路径"处单击右侧的 ⊡ 按钮，选择"invoice.xlsx"文件存放的路径，如图 5-34 所示。

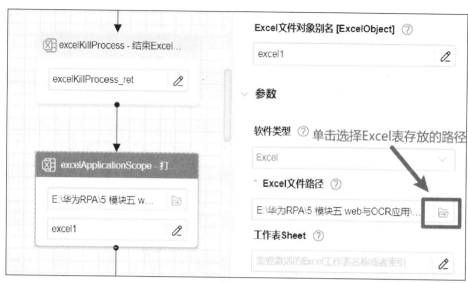

图 5-34 打开 Excel 文件

（3）在［打开 Excel 文件］控件后添加五个［写入单元格］控件，将发票代码、购买方、销售方、金额和税额分别写入 Excel 表的 A2、B2、C2、D2、E2 单元格内（注意发票关键信息的读取，从嵌套的字典中获取信息），如图 5-35 所示。

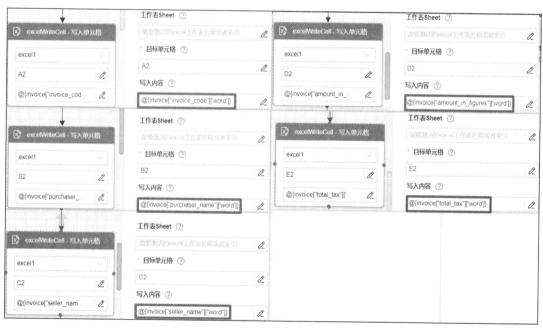

图 5-35 写入单元格

再添加［保存工作簿］控件和［关闭工作簿］控件，并添加［消息窗口］控件，设置消息窗口信息为"读取完毕!"（见图 5-36）。

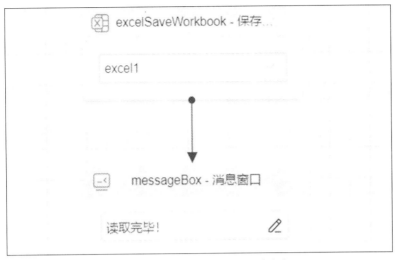

图 5-36　保存、关闭工作簿和消息窗口

（4）运行程序，RPA 财务机器人将 PDF 格式的发票信息读取出来，并写入设定好的 Excel 表中，如图 5-37 所示。

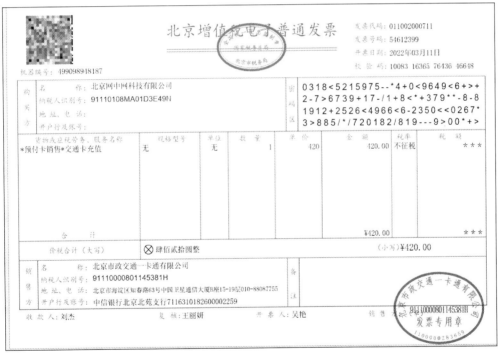

图 5-37　运行结果

说明

> 用户还可以在程序前部添加选择文件目录框，选择发票，增强机器人的灵活性；也可以增加发票文件，循环写入不同发票信息。

📖 **前沿资讯**

财税、金融等政策组合发力支持科技型中小企业

科技型中小企业技术含量高、创新能力强，是极具活力和潜力的创新主体。为助力科技型中小企业走好创新路，财税、金融、科技等支持政策组合发力，不断优化企业的成长环境。

减负担，税费支持力度更大

加大研发投入，是企业增强创新活力的重要举措。当前需要更大力度的税费支持政策从而有效减轻企业负担，激励企业加大研发投入、增强发展后劲。

研发费用加计扣除政策是专门激励企业加大研发投入的专项优惠政策，针对性强、含金量高、效果明显。企业研发投入越多，减税就越多，对鼓励企业持续加强研发具有"四两拨千斤"作用。国家税务总局印发公告，明确从 2022 年起，企业可以在每年 10 月申报期申报享受前三季度研发费用加计扣除政策优惠，进一步将此项政策长期化、制度化，以稳定市场预期、支持科技创新。财税部门充分运用退税减税、加大财政补贴等政策，支持科技型中小企业纾困发展。

添动力，金融活水源源不断

科技型中小企业走好创新路，金融支持不可或缺。近年来，有关部门和许多地区持续完善金融支持科技创新政策体系，鼓励金融机构创新科技金融产品和服务，金融活水正源源不断地流向科技型企业。

优环境，搭平台对接专家资源

2021 年年初，科技部发通知提出，在国家重点研发计划重点专项中，单列一定预算资助科技型中小企业研发活动。支持科技型中小企业技术研发将是高新区的重要评价指标。未来，在技术研发、中试熟化基地、平台建设等方面，高新区将加大对科技型中小企业支持力度，为它们成长提供更优质的环境。

（资料来源：《人民日报》，有删减，2022 年 7 月 7 日）

 课后练习

一、单选题

1. 当我们想要在网页的搜索框中输入信息时，可以用到 WeAutomate 中的（　　）控件。

    A.［输入对话框］   B.［在网页中输入文本］

    C.［获取网页文本］   D.［选择文件/目录框］

2. 在使用WeAutomate中的［打开网页］控件打开浏览器网页时，如果在控件属性中不选择浏览器类型，机器人默认使用Chrome浏览器打开网页。该说法（　　　）。

    A. 正确   B. 不正确

二、操作题

1. 请开发一个创业板股票数据抓取机器人，使其能够抓取同花顺网站上创业板所有股票实时行情数据，并保存在指定的Excel表中。

2. 北京网中网科技有限公司财务人员小柳，在前面开发的OCR读取发票信息机器人的基础上，读取若干张增值税发票的关键信息（发票代码、购买方、销售方、金额、税额），将其写入一张Excel表中，实现程序的优化，请完成上述操作，如图5-38所示。

	A	B	C	D	E	F	G	H	I
1	发票代码	购买方	销售方	金额	税额	注：请将A列设置为文本格式。			
2									
3									
4									
5									
6									
7									
8									
9									
10									
11									

图5-38　发票信息数据表

RPA 在采购到付款环节中的应用：
网银付款机器人

- **知识目标**
  1. 掌握网银付款机器人可行性分析的方法
  2. 掌握网银付款机器人流程设计与程序开发的方法
- **能力目标**
  1. 能梳理从采集、录入、生成付款单据到提交审核的业务流程，设计网银付款机器人流程图，确保在开发之前找到并清除潜在的问题
  2. 能开发 RPA 网银付款机器人，自动采集付款数据，登录网银系统录入付款数据，确保自动生成授权支付凭证、提交审批并付款
  3. 能监控机器人运行，如遇到付款失败的情况，确保可以复核程序，查找原因，形成分析报告和提出修改建议
- **素养目标**
  1. 具备良好的服务意识和沟通能力
  2. 具备良好的自主学习能力和实操能力

企业各类支出项目繁多，付款业务频繁，但付款业务有明确的规则，运用财务机器人自动化处理付款流程，能极大提高工作效率。本模块我们以网银付款机器人为例，深入理解 RPA 机器人在采购到付款环节中的应用。

任务一　网银付款机器人流程梳理

任务情境

北京加旺电器有限公司的财务人员小李每个月都要将所有部门的付款申请单放到同一文件夹中，并登录图 6-1 所示的交通银行网银系统（5 年内没有系统升级的计划），将每一张付款申请单上的关键信息（包括收款方所在银行、收款账号、收款户名、汇款金额及摘要）录入网银系统中，如图 6-2 所示。每个部门的付款申请单都是格式统一的 Excel 文件，如图 6-3 所示。

网址：http://ebank-rpa.netinnet.cn/jh_bank/login

银行账户：110010104000130586430

密码：123456

> 💡 **说明**
>
> 以上账号和密码均为虚拟信息。

图 6-1 交通银行网银系统界面（模拟）

图 6-2 付款申请单

图 6-3 填写网银系统付款页面

北京加旺电器有限公司每月的付款申请单有 600～1 000 份，手工录入每份付款申请单需要 2 分钟，小李每个月都需要花费 20～33 小时专门完整这项工作。此外，小李还要频繁切换登录不同银行的网银系统进行付款操作。

任务描述

小李要完成所有部门的付款业务，不仅操作烦琐耗时，效率还低。实际上，许多财务人员都跟小李一样，经常需要面对大量重复性高、规则固定的工作。以核算流水为例，财务人员需要从不同单据中获取数据进行核对，并反复检查，非常消耗精力和时间。RPA 机器人以自动化替代手工操作，辅助财务人员完成交易量大、重复性高、易于标准化的基础业务，从而优化工作流程，提高业务处理效率和质量。请帮助小李梳理网银付款机器人开发的需求、流程及可行性分析。

知识要点

目前 RPA 正广泛应用于采购到付款、销售至收款、固定资产核算、存货到成本、总账到报表、税务管理、资金结算等常见财务流程。

在采购到付款环节，RPA 机器人可使采购到付款过程中重复性高、业务量大的工作实现自动化。

◆ 采集合同：RPA 机器人自动登录交易平台，下载 PDF 版本合同，发送到指定文件夹，然后上传到智能财务共享平台，自动匹配采购合同。

◆ 商品入库：OCR 识别纸质或电子增值税发票，自动查验，自动匹配入库验收单和采购合同，并智能稽核。

◆ 自动支付：RPA 机器人根据审批完成的付款申请单，自动完成审核、数据输入和付款准备，提取付款申请系统的付款信息，并提交网银等资金付款系统进行付款操作。

◆ 付款入账：付款明细汇总生成付款单，自动归集电子回单，实现付款核算自动化。

◆ 财务处理及报告：RPA 机器人将应付模块的凭证信息导入总账记账，进行账务处理，并生成财务报告。

◆ 供应商对账：RPA 机器人登录财务模块，查询并导出供应商信息，自动向供应商发送邮件，完成对账提醒。

任务实施

一、需求整理与流程分析

1. 需求整理

网银付款录入工作重复且烦琐，耗时且枯燥，业务要求的准确性高。财务人员需要手动下载"预算内付款申请单.xlsx"文件，并保存在同一文件夹内，还要针对每一张付款申请单登录到网银系统，将申请单上的信息逐一填写到网银系统付款页面中。

2．RPA 流程分析

网银付款流程中执行录入的动作是高度重复的，并且录入的流程清晰明确，无须人为进行主观判断。每月的付款申请单数量很大，网银付款操作频率很高。此外，网银系统稳定，5 年内不会升级，界面元素更新频率很低。因此，网银付款操作非常适合用 RPA 来实现业务流程的自动化。人工流程与 RPA 流程对比如表 6-1 所示。

表 6-1　　　　　　　　　　人工流程与 RPA 流程对比

人工流程	RPA 流程
（1）下载付款申请单（通过钉钉、邮箱等）	（1）批量下载邮箱附件
（2）打开浏览器，进入网银系统页面	（2）打开浏览器，进入网银系统页面
（3）手动输入银行账户、密码，单击"登录"按钮	（3）自动输入银行账户、密码，自动登录
（4）手动选择单笔付款模块	（4）自动选择单笔付款模块
（5）打开第一个付款申请单	（5）根据下载的付款申请单，自动构建所有付款单的数据表
（6）输入付款信息（收款方所在银行、收款账号、收款户名、汇款金额、摘要）	（6）判断对方账户是否为本企业付款银行账户
	（7）如果是，自动输入收款方所在银行、收款账号、收款户名、汇款金额、摘要
	（8）如果不是，自动选择其他银行，自动输入收款方所在银行、收款账号、收款户名、汇款金额、摘要
（7）单击"保存"和"确定"按钮	（9）自动单击"保存"和"确定"按钮
（8）重复（5）～（7）的操作	（10）自动重复（6）～（9）的操作
	（11）弹出消息框，提示任务完成

二、可行性分析

在完成了需求整理和流程分析之后，要进行可行性分析，目的是尽可能在开发之前找出障碍并清除。可行性分析如表 6-2 所示。

表 6-2　　　　　　　　　　　　可行性分析

问题	分析结果
通过 RPA 批量下载邮箱附件可以实现吗	该业务需要从不同途径下载附件，重新梳理工作流程，并统一付款申请单的提交方式
机器人可以自动登录网银吗	可以
登录网银的过程中是否存在验证码或者其他难以实现自动化的因素	只需输入银行账户和密码就能登录
机器人可以登录手机银行 App 吗	不可以。需要登录网页版网银系统
付款申请单的格式可以不一样吗	不可以。付款申请单格式统一，机器人才能准确录入信息
网银系统升级情况需要考虑吗	需要。如果系统升级，需要针对升级后的变化对机器人进行修改维护

任务二　网银付款机器人开发与应用

任务情境

为了提高财务人员工作效率，减少差错，北京加旺电器有限公司需要开发一个网银付款机器人，自动提取付款申请单的付款信息（收款账号、收款户名等），并提交网银系统完成付款操作。

任务描述

财务人员按照预设路径，保存按照规范格式命名的 Excel 付款清单。请设计一个网银付款机器人，要求其能够自动登录付款银行网银系统（不支持动态密码登录操作），然后从 Excel 付款清单中逐笔读取数据，将付款信息输入网银系统，保存后提交付款审批。

知识要点

RPA 操作控件

1．click –［鼠标单击网页元素］控件

［鼠标单击网页元素］控件的作用是 RPA 模拟人工用鼠标单击网页中的元素。如图 6-4 所示，在"目标元素"处单击最右侧的"拾取元素"图标，可在网页中录制或者拾取元素信息，必填。"等待页面加载"处可设置等待页面的加载策略，complete 表示等待页面加载完成，loading 表示不等待页面加载完成，默认为 complete；"模拟人工点击"处选择下拉框中的 Ture 或者 False，如果选择 True，则通过模拟人工的方式触发单击事件，如果选择 False 或者空，将根据目标元素的自动化接口触发单击。在某些情况下，自动化接口触发的单击可能会被浏览器阻止，可在弹出窗口中手动设置为始终允许，如图 6-4 所示。

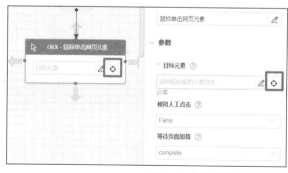

图 6-4　［鼠标单击网页元素］控件的属性设置

2．type –［在网页中输入文本］控件

［在网页中输入文本］控件的作用是 RPA 模拟人工在指定位置输入信息。如图 6-5 所示，"输入位置"处单击最右的"拾取元素"图标，可在网页中选择要输入的位置，必填。"输入前清空"处可从下拉框中选择 Ture 或者 False：如果选择 True，则清空；如果选择 False，则不清空；默认

为 True。"输入内容"处应输入要在网页上输入的内容。"等待页面加载"属性的设置同〔鼠标单击网页元素〕控件。

图 6-5　〔在网页中输入文本〕控件的属性设置

3. excelReadSheet –〔提取 Sheet 文本〕控件

〔提取 Sheet 文本〕控件的作用是 RPA 提取表格内的文本，并把文本内容放入指定变量中。如图 6-6 所示，"Excel 对象"处选择指定要操作的 Excel 文件；"文本内容"处设置变量，将提取出来的表格数据放置到此变量中；"返回值类型"可以是 list 类型，也可以是 DataFrame 类型；"工作表 Sheet"处输入需要激活的 Excel 工作表名称或者索引；"格式化方法"的属性设置同〔获取区域文本〕控件。

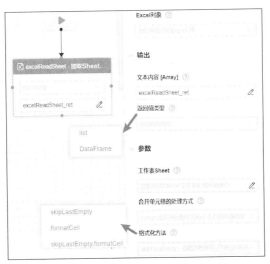

图 6-6　〔提取 Sheet 文本〕控件的属性设置

任务实施

一、流程设计

根据任务情境和任务描述，RPA 流程如图 6-7 所示。

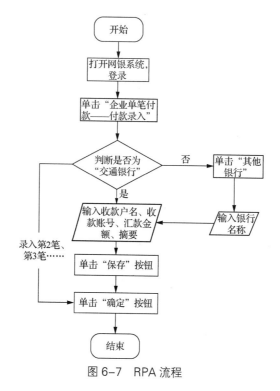

图 6-7　RPA 流程

根据 RPA 流程图，业务流程步骤如表 6-3 所示。

表 6-3　　　　　　　　　　　　　业务流程步骤

序号	步骤	活动	注意事项
1	设置浏览器扩展程序		
2	提示用户选择付款申请单所在文件夹	［消息窗口］ ［选择文件/目录框］	
3	列出文件夹下所有付款申请单	［运行 python 表达式］	导入 glob 模块
4	登录交通银行网银系统	［打开网页］ ［在网页中输入文本］ ［鼠标单击网页元素］	拾取元素
5	提取付款申请单中的关键信息	［遍历/计次循环］ ［结束 Excel 进程］ ［打开 Excel 文件］ ［提取 Sheet 文本］ ［保存工作簿］ ［关闭工作簿］	循环提取信息 Excel 基本三流程
6	在网页中输入开户行	［条件分支］ ［鼠标单击网页元素］ ［在网页中输入文本］	注意分辨开户行是不是交通银行，若是，直接选择"交通银行"；若不是，选择"其他银行"并输入具体的开户行
7	输入其他关键信息	［鼠标单击网页元素］ ［在网页中输入文本］	拾取元素
8	提示用户完成	［消息窗口］	

二、操作过程

（1）打开华为 WeAutomate 设计器，设置浏览器扩展程序。具体配置方法同模块五。

（2）新建脚本，命名为"网银付款机器人"。在控件面板中搜索［消息窗口］控件，添加至"开始" ▶ 的下方，在其属性面板中设置参数内容，"消息框内容"处设置为"请选择付款申请单所在的文件夹。"（见图 6-8）。

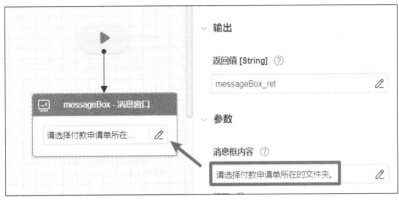

图 6-8 消息窗口

在控件面板中搜索［选择文件/目录框］控件添加至［消息窗口］控件的下方，在其属性面板中设置参数内容。具体设置如下："对话框类型"选择"folder"，表示选择的对话框类型是文件夹；"文件或目录名称"处设置变量"folder"，表示将用户选择文件夹的路径放入此变量中，如图 6-9 所示。

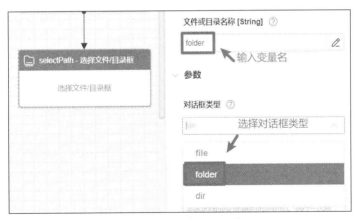

图 6-9 选择文件/目录框

（3）在控件面板中搜索［运行 python 表达式］控件添加至［选择文件/目录框］控件下方，在其属性面板中设置参数内容。具体设置如下："导包语句"处输入"import glob"；"表达式"处输入"glob.glob(folder+ " *申请* ")"，表示获取文件夹内所有包含"申请"两个字的文件；"执行结果"处设置变量"list_files_path"，表示将获取到的所有文件路径放入此变量中，如图 6-10 所示。

图 6-10　运行 python 表达式

（4）在控件面板中搜索［打开网页］控件添加至［运行 python 表达式］控件的下方，在其属性面板中设置参数内容。具体设置如下："网页地址"处输入交通银行模拟网址（url 中需要填写对应的协议，如 http、https、fie 等，不可以直接输入网址）；"浏览器类型"处选择 Chrome 类型；"最大化打开网页"处设为 True，如图 6-11 所示。

图 6-11　打开网页

将交通银行模拟网址放置在设计器下一层，在设计器控件面板中搜索［在网页中输入文本］控件添加至［打开网页］控件的下方，并在其属性面板中设置参数内容。具体设置如下："输入位置"处单击"拾取元素"图标⊕，在交通银行模拟网页中选择"银行账户"输入框；"输入前清空"选择 True；"输入内容"处输入模拟银行账号"11001010400130586430"；在"密码"输入框中输入密码，参照上一步的设置方法，在网页中输入模拟银行密码"123456"，如图 6-12所示。

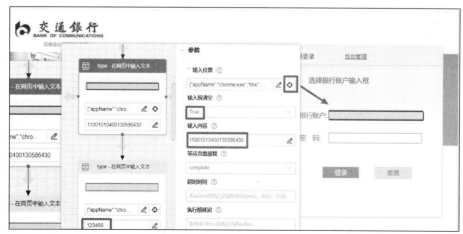

图 6-12　在网页中输入文本（1）

在控件面板内搜索［鼠标单击网页元素］控件添加至［在网页中输入文本］控件下方，并在其属性面板中设置参数内容。单击"目标元素"右侧的"拾取元素"图标⊕，在交通银行模拟网页中选择"登录"按钮。再添加两个［鼠标单击网页元素］控件，参照上一步的设置方法，分别设置"企业单笔付款"和"付款录入"按钮，如图 6-13 所示。

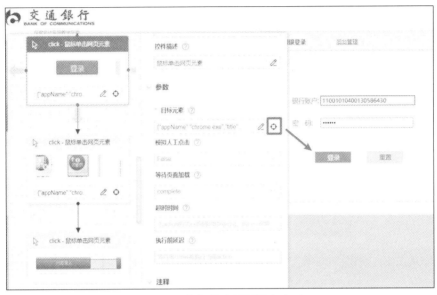

图 6-13　鼠标单击网页元素（1）

（5）在控件面板中搜索［遍历/计次循环］控件添加至［鼠标单击网页元素］控件下方，并在其属性面板中设置参数内容。具体设置如下："数据集合"处引用变量"@{list_files_path}"；"条目名称"处设置变量"file_path"，表示遍历 list_files_path 中的每一个元素，每一次遍历，将元素存放到变量 file_path 中，如图 6-14 所示。

图 6-14　遍历/计次循环

在控件面板中搜索［结束 Excel 进程］控件添加至［遍历/计次循环］控件下方，在弹出的"创建连线"对话框中选择"进入循环体"选项，单击"确定"按钮，如图 6-15 所示。

再在控件面板中搜索［打开 Excel 文件］控件，添加至［结束 Excel 进程］控件下方，在其属性面板中设置参数内容。具体设置如下："Excel 文件路径"处引用变量"@{file_path}"；"Excel 文件对象别名"处设置变量"file"；"软件类型"选择 Excel，如图 6-16 所示。

图 6-15　创建连线（1）

图 6-16　打开 Excel 文件

在控件面板中搜索［提取 Sheet 内容］控件添加至［打开 Excel 文件］控件下方，并在其属性面板中设置参数内容。具体设置如下："Excel 对象"处选择 file；"文本内容"处设置变量"file_value"；"工作表 Sheet"处输入"sheet1"；"格式化方法"处选择"skipLastEmpty"，如图 6-17 所示。

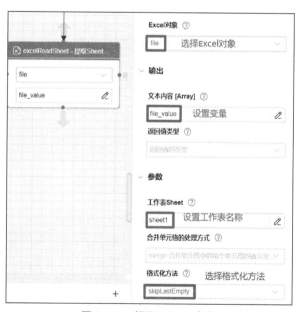

图 6-17　提取 Sheet 内容

在控件面板中搜索［条件分支］控件添加至［提取 Sheet 内容］控件的下方，并在其属性面板中设置参数内容。具体设置如下："条件表达式"处输入""交通银行" in file_value[10][1]"，判断开户行是不是交通银行，如图 6-18 所示。

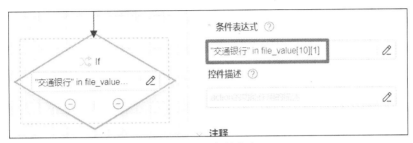

图 6-18　条件分支

（6）在控件面板内搜索［鼠标单击网页元素］控件添加至［条件分支］控件的下方，在弹出的"创建连线"对话框中选择"条件不成立"选项，单击"确定"按钮，并在其属性面板中设置参数内容。具体设置如下：单击"目标元素"右侧的"拾取元素"图标 ，在交通银行模拟网页中选中"其他银行"单选按钮，如图 6-19 所示。

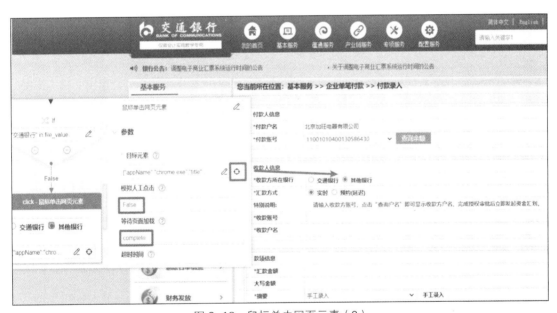

图 6-19　鼠标单击网页元素（2）

在控件面板中搜索［在网页中输入文本］控件，添加至［鼠标单击网页元素］控件下方，并在其属性面板中设置参数内容。具体设置如下：单击"输入位置"右侧的"拾取元素"图标 ，选择交通银行模拟网页中"其他银行"后的输入框；"输入前清空"处选择 True；"输入内容"处引用变量"@{file_value[10][1]}"，表示输入其他银行的名称，如图 6-20 所示。

（7）在控件面板中搜索［在网页中输入文本］控件，添加至［条件分支］控件的下方，在弹出的"创建连线"对话框中选择"退出条件判断"选项，单击"确定"按钮，如图 6-21 所示。

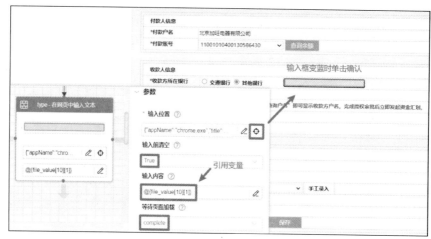

图 6-20　在网页中输入文本（2）

图 6-21　创建连线（2）

在［在网页中输入文本］控件属性面板中设置参数内容。具体设置如下：单击"输入位置"右侧的"拾取元素"图标，在交通银行模拟网页中选择"收款账号"后面的输入框；"输入内容"处引用变量"@{file_value[11][1]}"，表示输入收款方账号，如图 6-22 所示。

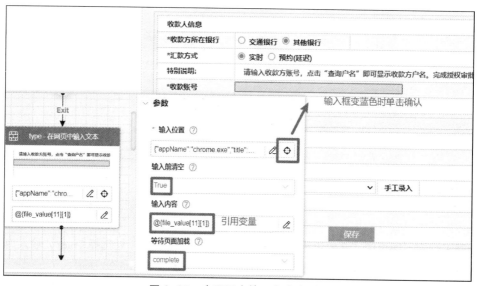

图 6-22　在网页中输入文本（3）

再添加三个［在网页中输入文本］控件，在其属性面板中设置参数内容。具体设置如下：分别在"收款户名""汇款金额""摘要-手工录入"后面的输入框引用变量"@{file_value[9][1]}""@{file_value[12][1]}""@{file_value[14][1]}"，表示依次输入收款方户名、汇款金额和摘要，如图 6-23 所示。

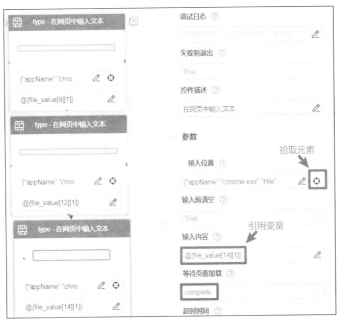

图 6-23　在网页中输入文本（4）

在控件面板中搜索［鼠标单击网页元素］控件添加至［在网页中输入文本］控件下方，并在其属性面板中设置参数内容。具体设置如下："目标元素"处单击"拾取元素"图标⊕，在交通银行模拟网页中选择"保存"按钮。

再添加一个［鼠标单击网页元素］控件，参照上一步的设置方法，如图 6-24 所示。

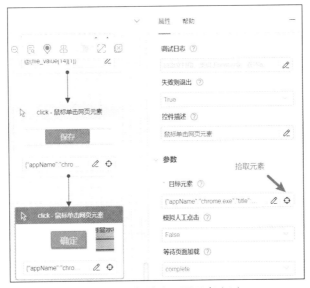

图 6-24　鼠标单击网页元素（3）

（8）在控件面板中搜索［消息窗口］控件，添加至［遍历/计次循环］控件右侧，弹出的"创建连线"对话框中选择"退出循环体"选项，单击"确定"按钮。在其属性面板中设置参数内容。具体设置如下："消息框内容"处输入"恭喜，全部完成！"（见图 6-25）。

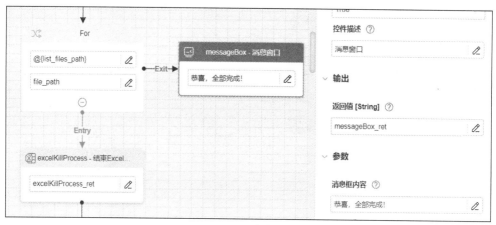

图 6-25　消息窗口

（9）完成程序开发，运行网银付款机器人，可自动登录网银地址，将所有付款申请单中的信息逐一录入到网银系统中并保存。

📖 **前沿资讯**

2022 年影响中国会计人员的十大信息技术

　　2022 年 7 月 30 日，由上海国家会计学院主办的"会计科技 Acctech 应对不确定性挑战"高峰论坛暨 2022 年影响中国会计人员的十大信息技术评选结果发布会在上海国家会计学院国际会议中心举办。本次论坛正式发布了 2022 年影响中国会计人员的十大信息技术的评选结果，并邀请各界嘉宾对入选十大信息技术的应用进行深入解读，对潜在影响的五项信息技术进行前景判断。

　　2022 年影响中国会计人员的十大信息技术分别是财务云、会计大数据分析与处理技术、流程自动化（RPA 和 IPA）、中台技术（数据、业务、财务中台等）、电子会计档案、电子发票、在线审计与远程审计、新一代 ERP、在线与远程办公和商业智能（BI）。2022 年五大潜在影响技术排名分别是金税四期与大数据税收征管、业财税融合与数据编织、大数据多维引擎与增强分析、机器人任务挖掘与智能超级自动化、分布式记账与区块链审计。

　　近年来，财政部高度重视会计信息化工作，加强对我国会计信息化工作的顶层设计。2021 年 11 月和 12 月，财政部先后印发了《会计改革与发展"十四五"规划纲要》和《会计信息化发展规划（2021—2025年）》，明确了建立健全新时代国家会计信息化发展体系的总目标和六个具体目标，以及"十四五"时期会计信息化工作的九项主要任务。

　　（资料来源：人民网）

《会计改革与发展
"十四五"规划纲要》

《会计信息化发展规划
（2021—2025 年）》

课后练习

操作题

1. 设计一个 RPA 机器人，使其能够从指定的邮箱上下载含有"付款申请单"的文件，保存在本地指定的文件夹内，根据下载的付款申请单，自动完成审核、数据输入和付款准备，提取付款申请单的付款信息，并提交网银等资金付款系统进行付款操作。

2. 开发一个员工入职管理机器人，使其能够将新入职员工的基本数据批量录入人力资源管理系统中并保存，如图 6-26 所示。新入职员工的基本数据可从本书配套教学资源包中获取。

	A	B	C	D	E	F	G
1	姓名	身份证号	性别	年龄	政治面貌	文化程度	联系方式
2	孟强	110108197812013870	男	45	党员	本科	14648935738
3	任飞扬	360403198608307313	男	37	群众	专科	14648935739
4	李琴	432321198212255319	男	41	群众	本科	14648935740
5	邱由	370102196804201871	男	55	党员	专科	14648935741
6	赵斌	110108198204173516	男	41	群众	专科	14648935742
7	朱科	110105197608251429	女	47	群众	专科	14648935743
8	华明	422725197707194510	男	46	党员	专科	14648935744
9	李明	110108198210296215	男	41	群众	专科	14648935745
10	宋佳	210725197005176153	男	53	群众	专科	14648935746
11	刘凤	120104196211113458	男	61	党员	本科	14648935747
12	黄丽	130103198112071443	女	42	群众	硕士	14648935748
13	王丽	110108197109262479	男	52	党员	硕士	14648935749
14	孙键	610111197511021523	女	48	党员	本科	14648935750
15	张浩	110108196909273422	女	54	群众	专科	14648935751
16	刘莎	350702198308100116	男	40	群众	专科	14648935752
17	王华	412724198008301432	男	43	党员	专科	14648935753
18	刘天	420106197906176512	男	44	党员	专科	14648935754
19	王薇薇	230102196006163638	男	63	群众	专科	14648935755
20	吴颖	110102198210160798	男	41	党员	专科	14648935756
21	刘星	110102198212041124	女	41	群众	本科	14648935757
22	王晓琴	370783197506122121	女	48	党员	本科	14648935758
23	姜滨	150102197910255812	男	44	党员	本科	14648935759

图 6-26　员工入职管理机器人操作数据示例

3. 开发一个固定资产信息批量录入机器人，使其能够将固定资产的基本数据批量录入固定资产管理系统中并保存，如图 6-27 所示。固定资产基本数据可从本书配套教学资源包中获取。

图 6-27　固定资产信息批量录入机器人操作数据示例

RPA 在销售到收款环节中的应用：
编制账龄分析底稿机器人

- 知识目标
  1. 掌握编制账龄分析底稿机器人可行性分析的方法
  2. 掌握编制账龄分析底稿机器人流程设计与程序开发的方法
- 能力目标
  1. 能梳理账龄分析合并业务流程，设计编制账龄分析底稿机器人流程图，确保在开发之前找到并清除潜在的问题
  2. 能开发 RPA 编制账龄分析底稿机器人，自动合并银行存款余额表，完成汇总底稿的编制
  3. 能监控机器人运行，如遇到失败的情况，确保可以复核程序，查找原因，形成分析报告和提出修改建议
- 素养目标
  1. 具备良好的服务意识，善于沟通
  2. 具备良好的自主学习能力和流程设计开发能力
  3. 能随时发现和解决工作中遇到的问题

任务一　编制账龄分析底稿机器人流程梳理

 **任务情境**

　　北京加旺电器有限公司有十多家子公司，客户数量众多，往来款项明细账有固定的格式（分期初余额、本期增加额、本期减少额、期末余额），而且账龄分析规则固定。每一家公司都需要进行大量的往来账龄分析，包括应收账款、预收账款、应付账款、预付账款、其他应收款和其他应付款等。每一家公司账龄分析平均需要 2 小时，但是如果进行了调账，就要重新编制（这种情况比较常见），而且编制过程中公式复杂，容易出错。图 7-1 所示为北京加旺电器有限公司 2018—2020 年的余额表和往来账龄汇总资料。

图 7-1　2018—2020 年余额表和往来账龄汇总资料

任务描述

财务人员需要从账套中导出往来款项明细账，然后将近 3 年的明细账汇总到一张工作底稿中，再根据规则，判断各个账龄期间的金额。请对编制账龄分析底稿机器人开发的需求、流程及可行性进行分析。

知识要点

销售到收款环节包括合同管理、发票开具、收入确认、收款对账等业务。环节 RPA 机器人可以实现如下环节的自动化。

◆ 自动入账：RPA 机器人从银行获取数据，基于规则判断是否为货款并生成收款单，自动下载并匹配银行回单生成记账凭证。

◆ 往来核销：凭证自动生成后，如果有往来挂账，RPA 机器人根据往来核销规则自动关联核销。

◆ 发票开具：RPA 机器人根据订单信息，抓取销售开票数据进行开票，发票开具后将开票信息传递至相关业务人员，通知其进行发票寄送。

◆ 客户对账：RPA 机器人取得应收和实收数据，按照账号、打款备注等信息进行自动对账，向存在对账差异的客户发送对账提醒邮件。

◆ 账龄分析：RPA 机器人根据账龄区间设置，自动生成账龄分析预警，推送经办人执行催收。

◆ 坏账计提：RPA 机器人根据账龄计提比率，自动生成坏账计提，并自动生成凭证及数字化附件。

其中，账龄分析是指企业对应收账款、其他应收款按账龄长短进行分类，分析其可回收性，并确定应计提的坏账准备。编制账龄分析底稿机器人，利用往来账龄分析等手段对应收账款进行管理，可以提高应收账款管理效率。

任务实施

一、需求整理与流程分析

1. 需求整理

根据任务情境中对往来款项账龄分析的描述，该业务的工作量大，工作内容重复性高，并且数据量大，计算复杂，非常容易出错。如果采用人工汇总的方法，由于 2018 年、2019 年、2020 年的客户名称与客户数量不同，行次无法一一对应，因此不能直接进行复制粘贴。需要先汇总出客户名称，粘贴至"汇总底稿"当中，然后从"汇总底稿"第一行的客户名称开始，查找"2018 年余额表""2019 年余额表""2020 年余额表"，找到对应的数值并复制粘贴到"汇总底稿"对应的位置中。当没有找到时，该值设为 0，以此类推，直到全部查找完毕。

各账龄期间划分的具体规则如图 7-2 所示。

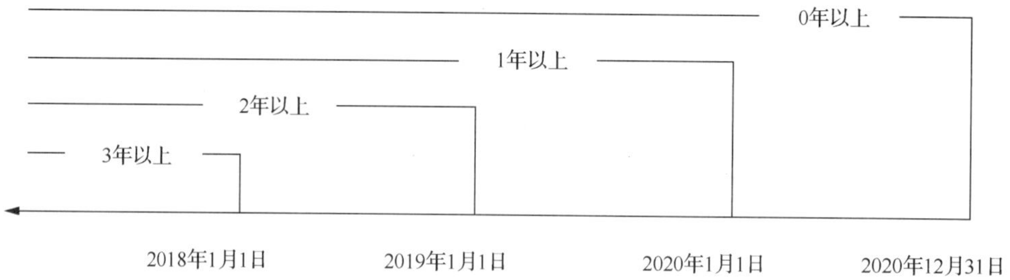

图 7-2　账龄期间划分

3 年以上账龄的金额=3 年以上账龄的金额

2～3 年账龄的金额=2 年账龄以上的金额−3 年账龄以上的金额

1～2 年账龄的金额=1 年账龄以上的金额−2 年账龄以上的金额

1 年以内账龄的金额=0 年账龄以上的金额（期末余额）−1 年账龄以上的金额

假设前提：各期间收取的款项先冲减最早的应收账款。

（1）"2018 年期初余额>0"时，以后各期的收款会减少应收账款。

当 2018 年期初余额−累计收款（贷方）发生额>0 时，代表 2018 年之前的应收账款尚未全部收取，3 年以上账龄金额=2018 年期初余额−累计收款（贷方）发生额。否则，2018 年之前的应收账款已全部收回，3 年以上账龄的金额为 0。

（2）"2018 年期初余额<=0"时，实际为预收账款，以后发生的应收账款将会减少预收账款。

当 2018 年期初余额+累计应收（借方）发生额<0 时，代表 2018 年之前的预收账款尚未全部结算，3 年以上账龄金额=2018 年期初余额+累计应收（借方）发生额，即仍然为预收账款。否则，2018 年之前的预收账款已经全部结算，3 年以上账龄金额为 0。

（3）借方发生额、贷方发生额的重分类。

当借方发生额<0 时，视同发生收款，应重分类为贷方发生额，此时借方发生额视为 0；同理，当贷方发生额<0 时，视同发生应收账款，应重分类为借方发生额，此时贷方发生额视为 0。

2. RPA 流程分析

编制账龄分析底稿时的复制粘贴动作重复性非常高，且无须人为进行主观判断，非常适合用 RPA 技术来实现业务流程的自动化。人工流程与 RPA 流程对比如表 7-1 所示。

表 7-1　　　　　　　　　　　　　　　人工流程与 RPA 流程对比

人工流程	RPA 流程
（1）汇总各年余额表的客户数据，删除重复项	（1）汇总各年余额表的客户数据，删除重复项
（2）用 Vlookup 函数查找各客户对应的余额表数据	（2）查找汇总底稿中各客户对应的余额表数据
（3）按照固定的模板，将历年（各期）余额表汇总为底稿	（3）选择文件，按照固定的模板将历年（各期）余额表汇总为底稿
（4）设置 Excel 公式，进行往来账龄分析	（4）将账龄分析规则拆解为编制账龄分析底稿机器人流程步骤
（5）选择另一家公司继续执行（1）～（3）操作	（5）将计算完成的结果写入汇总底稿中
	（6）选择另一家公司继续执行（1）～（5）操作
	（7）弹出信息框，分析完成

二、可行性分析

在完成了需求整理和流程分析之后，要进行可行性分析，目的是尽可能在开发之前找出障碍并清除。可行性分析表如表 7-2 所示。

表 7-2　　　　　　　　　　　　　　　　　　可行性分析表

问题	分析结果
登录账套时是否存在验证码或者其他难以实现自动化的影响因素	只需输入用户名和密码就能登录
账套导出数据的格式永远不变吗	是，所有往来款项都是三栏式明细账，格式固定
账龄分析规则会变化吗	规则固定，基本不会变化

任务二　编制账龄分析底稿机器人开发与应用

任务情境

北京加旺电器有限公司财务部为提高工作效率，减少差错，需要开发一个编制账龄分析底稿机器人，使其能够自动读取应收账款余额表，再根据已设定好的规则，判断各账龄期间的金额。

任务描述

请设计一个编制账龄分析底稿机器人，使其能够从财务账套中导出往来款项余额表，读取近 3 年的余额表数据，删除重复数据，重分类借方和贷方发生额，计算各期应收账款，并将它们汇总到同一张工作底稿中，自动生成账龄分析结果。

知识要点

一、RPA 操作控件

1．pandas.readExcel –［读取 Excel 到表格］控件

［读取 Excel 到表格］控件的作用是根据指定的 Excel 工作簿路径及指定的工作表（Sheet），读取相应的内容，并将其存储在变量中（DataFrame 表格），以供脚本中其他环节使用。"表格对象"是用来存储读取结果的变量，必填；"Excel 文件路径"处选择目标 Excel 工作簿，必填，可以引用变量；"Sheet 名称"处输入要操作的 Sheet 的名称，默认读取第一页的表格；"数据头所在行"默认为 0，代表第一行是数据头；"读取数据行数"是要读取的行数，默认为空，表示读取全部，如图 7-3 所示。

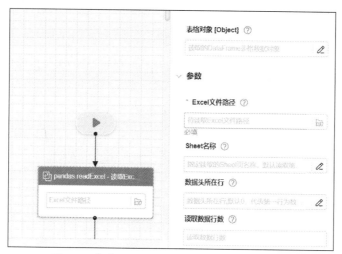

图 7-3 ［读取 Excel 到表格］控件的属性设置

2. pandas.deleteColumn –［删除列］控件

［删除列］控件的作用是删除指定表格对象（DataFrame）中的指定列。"表格对象"处指定表格所在的路径，可引用变量，必填；"筛选条件"处输入要删除的列索引名称，输入时要注意添加双引号，必填，如图 7-4 所示。

图 7-4 ［删除列］控件的属性设置

二、联接/合并表格

根据指定的列索引名称，以及指定的合并方式，我们可以使用 pandas.merge() 方法将两个 DataFrame 表格合并在一起，并将其赋值给一个新的 DataFrame 表格。应用该方法前必须导入 pandas 模块，语法格式如下：

```
import pandas
pandas.merge(left,right,how="inner",on="客户名称")
```

◆ left 和 right：表示要合并的两个 DataFrame 表格的名称，中间要用 "," 隔开。

◆ how=" inner " 或 " outer "：参数 how 表示两个 DataFrame 合并的方式，其值为 "inner" 表示获取两个表的交集；其值为 "outer" 表示获取两个表的并集。该参数不填写时默认为 "inner"。

◆ on=" 客户名称 "：要合并两个 DataFrame 表格的依据，根据 "客户名称" 进行合并。

> **注意**
>
> 当参数 how=" outer" 时，被合并的表格中未找到的数据会在结果中被标记为 "NaN"。NaN 代表缺失值，不能参与任何计算，经常会导致错误。为了避免这种错误，可以在 pandas.merge() 后面增加方法 fillna() 填充缺失值。例如：pandas.merge().fillna(" 缺考 ")表示将缺失的值填充为 "缺考"；pandas.merge().fillna(0)表示将缺失的值填充为 0，如图 7-5 所示。
>
>
>
> 图 7-5　表达式

三、DataFrame 的常见应用

1. DataFrame 结构

在 DataFrame 中，行索引（index）位置（0，1，2…）是系统赋予的，无法修改；列索引名称（columns）是创建表格时候添加的，可以修改；values 是表格内容，通常是二维结构。图 7-6 所示为一个 DataFrame 结构的对象。

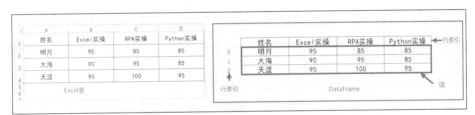

图 7-6　DataFrame 结构示例

2. 获取、修改行、列名称

获取行名称列表：df.index.tolist()=[0,1,2]。

修改行名称：df.index=[5,6,7]，如图 7-7（a）所示。

获取列名称列表：df.columns.tolist()=[" 姓名 "，" Excel 实操 "，" RPA 实操 "，" Python 实操 "]。

修改列名称：df.columns=[" 姓名 "，" 会计基础 "，" 经济学基础 "，" 经济法 "]，如图 7-7（b）所示。

获取内容列表：df.values.tolist()，如图 7-7（c）所示。

图 7-7（a）修改行名称　　图 7-7（b）获取列名称列表　　图 7-7（c）获取内容列表

3. 获取或修改值

通过 df.iloc[row,column]可以获取、修改表格中指定位置的值。例如：

df.iloc[0,0]获取的值是字符串"明月"；

df.iloc[1,2]获取的值是浮点数"95.00"；

df.iloc[1,0]="Jessica"表示可以把"大海"修改为"Jessica"。

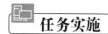
任务实施

一、流程设计

根据需求整理分析，对业务流程进行梳理，RPA 流程如图 7-8 所示。

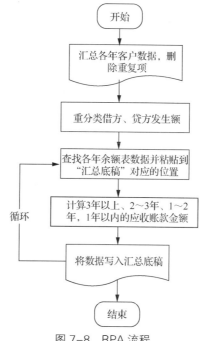

图 7-8　RPA 流程

根据 RPA 流程图，业务流程步骤如表 7-3 所示。

表 7-3　　　　　　　　　　　　　　　　　　业务流程步骤

序号	步骤	活动	注意事项
1	读取 3 年的余额表	［消息窗口］ ［选择文件/目录框］ ［读取 Excel 到表格］ ［运行 python 表达式］ ［删除列］	导入 pandas 模块 删除重复项
2	重分类借方、贷方发生额	［按行遍历表格］ ［运行 python 表达式］	2018 年期初余额>=0 为应收账款，2018 年期初余额<0 为预付账款

续表

序号	步骤	活动	注意事项
3	计算各期应收账款	［按行遍历表格］ ［运行python表达式］ ［条件分支］ ［执行python语句］	借、贷方金额的调整
4	写入单元格	［结束Excel进程］ ［打开Excel文件］ ［写入范围单元格］ ［保存工作簿］ ［关闭工作簿］	Excel基本三流程
5	提示用户完成	［消息窗口］	

二、操作过程

（1）新建脚本，命名为"编制账龄分析底稿机器人"，在控件面板中搜索［消息窗口］控件添加至"开始" ▶ 的下方，在其属性面板中设置"消息框内容"为"请选择账龄分析底稿文件。"。在控件面板中搜索［选择文件/目录框］控件添加至［消息窗口］控件下方，在其属性面板中设置参数内容。具体设置如下："文件或目录名称"处设置变量"file"；"对话框类型"处选择file类型，如图7-9所示。

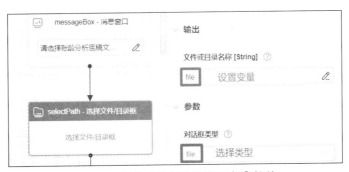

图7-9 添加［选择文件/目录框］控件

在控件面板中搜索［功能块］控件添加至［选择文件/目录框］控件的下方，在其属性面板中设置参数内容。具体设置如下："语句块名称"处输入功能块的名称"读取、汇总账龄分析底稿"，如图7-10所示。

图7-10 添加"读取、汇总账龄分析底稿"［功能块］

双击［功能块］控件对其进行编辑，在控件面板中搜索［读取Excel到表格］控件，将3个

［读取 Excel 到表格］控件依次添加到"开始" ▶ 的下方，在其属性面板中设置参数内容。具体设置如下："Excel 文件路径"处引用变量"@{file}"；"Sheet 名称"处依次输入工作表"2018 年余额表""2019 年余额表""2020 年余额表"；对应"表格对象"处依次设置变量"df18""df19""df20"，如图 7-11 所示。

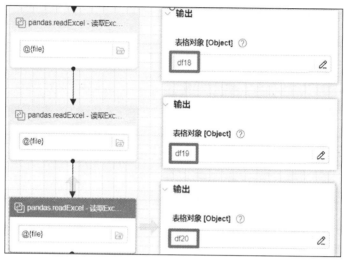

图 7-11　读取 Excel 到表格

（2）在控件面板中搜索［运行 python 表达式］控件添加至最后一个［读取 Excel 表格］控件下方，在其属性面板中设置参数内容。具体设置如下："导包语句"处输入"import pandas"导入数据分析模块 pandas；"表达式"处输入"pandas.merge(df18,df19,on=" 客户名称 ",how=" outer ").fillna(0)"，表示将 2018 年余额表与 2019 年余额表依据"客户名称"进行合并，并将缺失的值填充为 0；"执行结果"处设置变量"df_hz"，如图 7-12 所示。

图 7-12　运行 python 表达式（1）

在控件面板中搜索［运行 python 表达式］控件添加至［运行 python 表达式］控件下方，在其属性面板中设置参数内容。具体设置如下："导包语句"处输入"import pandas"导入 pandas 模块；"表达式"处输入"pandas.merge(df_hz,df20,on=" 客户名称 ",how=" outer ").fillna(0)"；"执行结果"处设置变量"df_hz"，如图 7-13 所示。

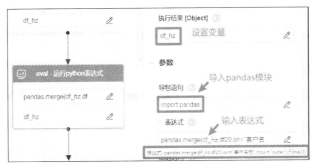

图 7-13　运行 python 表达式（2）

此时 2018 年、2019 年、2020 年的余额表已合并成一张表，用［消息窗口］控件可以查看此表有 293 行 13 列，列名自动变为"客户名称""年初余额_x""借方金额_x""贷方金额_x""年末余额_x""年初余额_y""借方金额_y""贷方金额_y""年末余额_y""年初余额""借方金额""贷方金额""年末余额"，如图 7-14 所示。

```
客户名称           年初余额_x 借方金额_x 贷方金额_x 年末余额_x 年初余额
    y 借方金额 y 贷方金额 y 年末余额 y 年初余额  借方金额  贷方金额 年末余额
0    北京爱醒智能科技有限公司 770754.04 1208657.74 725851.48 1253560.3
1253560.3 807861.95 930000.0 1131422.25 1131422.25 64083.79 10000.0
1185506.04
1    深圳神州泰业科技发展有限公司 4000.00   18000.00 18000.00  4000.00
4000.0    0.00  4000.00 4000.00 38400.00  0.0 42400.00
2    深圳众鸿天信息技术有限公司 -2770.00   0.00   0.00  -2770.0 -2770.0
0.0  -2770.00 -2770.00 -2770.00   0.0 -2770.00
3    深圳科蓝软件系统股份有限公司 1500.00   0.00   0.00  1500.0 1500.0
0.0  0.00 1500.00 1500.0  0.00
4    深圳祥和正业科技发展有限公司 -880.00   0.00   0.00  -880.0 -880.0
0.0  -880.00 -880.00 -880.00  -880.0
..           ...   ...   ...   ...  ...
288   麦阳名昊科技有限公司  0.00   0.00   0.0   0.0  0.0
0.0  88710.00 107610.0 -18900.00
289   江西兆豹机械设备有限公司  0.00   0.00   0.0   0.0  0.0
0.00 0.0 3794.0 -3794.0
290   深圳威链未来信息科技有限公司  0.00   0.00   0.0 5160.00  0.0 5160.0
0.00 0.00
291   东营齐成置业有限公司  0.00   0.00   0.0   0.0  0.0
0.0  7348.00 907348.0 -900000.00
292 深圳众享互动传媒科技股份有限公司 0.00  0.00   0.0   0.0  0.0
0.00 0.00 2945133.14  0.0 2945133.14

[293 rows x 13 columns]
```

图 7-14　合并表

删除［消息窗口］控件，在控件面板中搜索［执行 python 语句］控件添加至［运行 python 表达式］控件的下方，在其属性面板中设置参数内容。具体设置如下："python 语句"处输入"df_hz.columns=［"客户"，"年初 18"，"借方 18"，"贷方 18"，"期末 18"，"年初 19"，"借方 19"，"贷方 19"，"期末 19"，"年初 20"，"借方 20"，"贷方 20"，"期末 20"］"，将合并表的列重新命名，如图 7-15 所示。

图 7-15　执行 python 语句（1）

因为本年的年初数就是上年的期末数，所以删除两列数据，分别是"年初 19"和"年初 20"。

在控件面板中搜索［删除列］控件添加至［执行 python 语句］控件的下方，在其属性面板中设置参数内容。具体设置如下："筛选条件"处输入"［"年初 19"，"年初 20"］"；"表格对象"处引用变量"@{df_hz}"，如图 7-16 所示。

图 7-16　删除列

在控件面板中搜索［新增列］控件添加至［删除列］控件的下方，在其属性面板中设置参数内容。具体设置如下："表格对象"处引用变量"@{df_hz}"；"列名称"处输入新命名的列名称"1 年以内"；"新增数据"处初始赋值 0，如图 7-17 所示。

图 7-17　新增列

再依次添加 3 个［新增列］控件，分别命名为"1～2 年""2～3 年"和"3 年以上"。初始赋值均为 0，如图 7-18 所示。

图 7-18　添加 3 个［新增列］控件

此时可以用［消息窗口］控件查看合并表，合并表新增了 4 列，如图 7-19 所示。

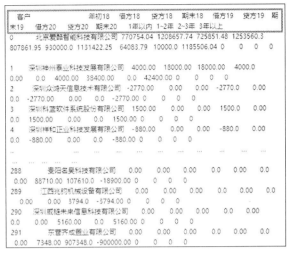

图 7-19　新增 4 列

（3）删除［消息窗口］控件，回到"Main"脚本，在控件面板中搜索［功能块］控件添加至上一个"读取、汇总账龄分析底稿"［功能块］控件的下方，在其属性面板中设置参数内容。具体设置如下："语句块名称"处设置"重分类借方、贷方发生额"，如图 7-20 所示。

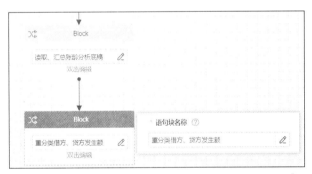

图 7-20　添加"重分类借方、贷方发生额"［功能块］

双击［功能块］控件对其进行编辑，在控件面板中搜索［按行遍历表格］控件添加至"开始"的下方，在其属性面板中设置参数内容。具体设置如下："表格"处引用变量 "@{df_hz}"；"行数据"处输入变量名"row"，遍历汇总表的每行数据，如图 7-21 所示。

图 7-21　按行遍历表格（1）

在控件面板中搜索［执行 python 语句］控件添加至［按行遍历表格］控件的下方，在"创建连线"对话框中选择"进入循环体"选项，单击"确定"按钮，进入循环，如图 7-22 所示。

图 7-22　创建连线

在［执行 python 语句］控件属性面板的"python 语句"处输入以下代码。

```
if row[2]<0:
    row[3]=abs(row[2]+row[3])
    row[2]=0
if row[5]<0:
    row[6]=abs(row[5]+row[6])
    row[5]=0
if row[8]<0:
    row[9]=abs(row[8]+row[9])
    row[8]=0
if row[3]<0:
    row[2]=abs(row[3]+row[2])
    row[3]=0
if row[6]<0:
    row[5]=abs(row[6]+row[5])
    row[6]=0
if row[9]<0:
    row[8]=abs(row[9]+row[8])
    row[9]=0
```

该段代码表示如果借方余额小于 0，则将借方余额负数调至贷方；如果贷方余额小于 0，则将贷方余额负数调至借方，以此类推，如图 7-23 所示。

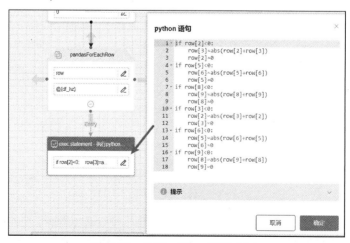

图 7-23　执行 python 语句（2）

在控件面板中搜索［执行 python 语句］控件添加至上一个［执行 python 语句］控件的下方，在其属性面板中设置参数内容。具体设置如下："python 语句"处设置"df_hz.iloc[index]=row"，如图 7-24 所示。

图 7-24　运行 python 表达式（3）

（4）回到"Main"脚本，在控件面板中搜索［按行遍历表格］控件添加至"重分类借方、贷方发生额"［功能块］控件的下方，在其属性面板中设置参数内容。具体设置如下："表格"处引用变量"@{df_hz}"；"行数据"处输入变量名称"row"，如图 7-25 所示。

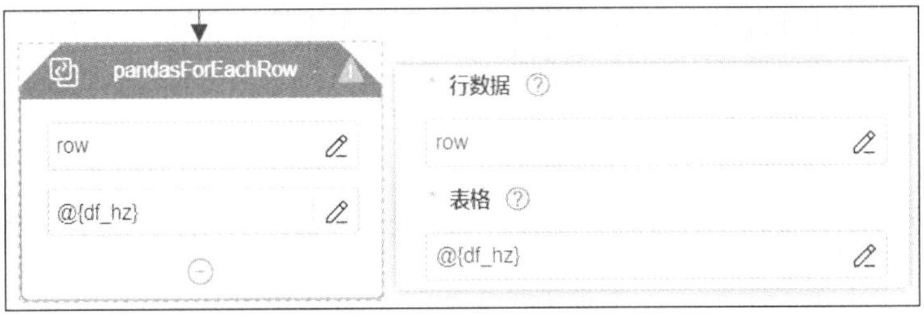

图 7-25　按行遍历表格（2）

在控件面板中搜索［功能块］控件添加至［按行遍历表格］控件的下方，在弹出的"创建连接"对话框中选择"进入循环体"选项，单击"确定"按钮，在其属性面板中设置参数内容。具体设置如下："语句块名称"处输入"计算 3 年以上账龄的金额"，如图 7-26 所示。

图 7-26　添加"计算 3 年以上账龄的金额"［功能块］控件

双击"计算 3 年以上账龄的金额"［功能块］控件对其进行编辑，在控件面板中搜索［条件分支］控件添加至"开始"　▶　的下方，在其属性面板中设置参数内容。具体设置如下："条件表达式"处设置表达式"row[1]>=0"，表示判断 2018 年期初余额是否大于等于 0，如图 7-27 所示。

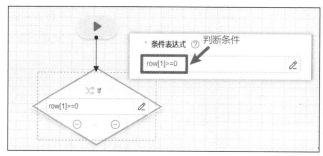

图 7-27　设置条件分支（1）

在控件面板中搜索［条件分支］控件添加至上一个［条件分支］控件的下方，在弹出的"创建连接"对话框中选择"条件成立"选项，单击"确定"按钮，在其属性面板设置参数内容。具体设置如下："条件表达式"处设置表达式为"row[1]-row[3]-row[6]-row[9]>0"，表示判断 2018 年初余额减去 3 年的贷方金额之和是否大于 0，如果是，便是 3 年以上的应收账款金额，如图 7-28 所示。

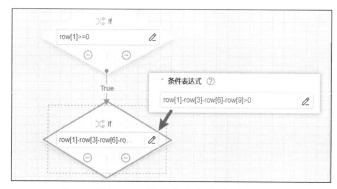

图 7-28　设置条件分支（2）

在控件面板中搜索［运行 python 表达式］控件添加至［条件分支］控件下方，在弹出的"创建连接"对话框中选择"条件成立"选项，单击"确定"按钮，在其属性面板设置参数内容。具体设置如下："表达式"处输入表达式为"row[1]-row[3]-row[6]-row[9]"；"执行结果"处输入变量名称"t3"，表示如果 3 年以上的金额大于等于 0，就将值赋值给变量"t3"，如图 7-29 所示。

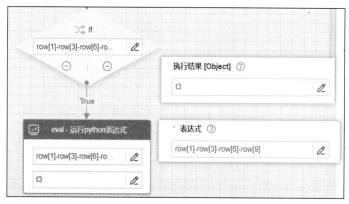

图 7-29　运行 python 表达式（4）

在控件面板中搜索［运行python表达式］控件添加至［条件分支］控件的下方，在弹出的"创建连线"对话框中选择"条件不成立"选项，单击"确定"按钮，在其属性面板设置参数内容。具体设置如下：将0赋值给变量"t3"，表示如果3年以上金额不满足大于等于0的条件时，即3年以上的金额已全部回收，"t3"赋值为0，如图7-30所示。

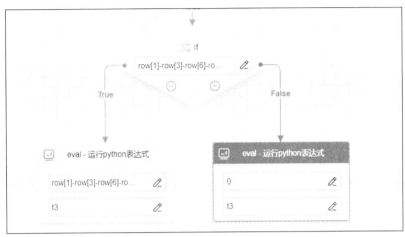

图7-30　运行python表达式（5）

在控件面板中搜索［条件分支］控件添加至第一个［条件分支］控件的下方，在弹出时"创建连接"对话框中选择"条件不成立"选项，单击"确定"按钮，在其属性面板设置参数内容。具体设置如下："条件表达式"处设置表达式为"row[1]+row[2]+row[5]+row[8]<0"，表示3年以上金额小于0，存在预收账款，如图7-31所示。

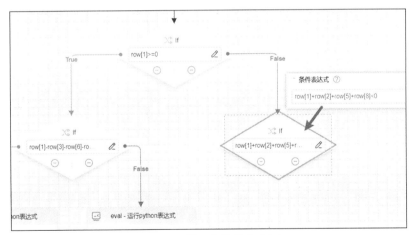

图7-31　设置条件分支（3）

在控件面板中搜索［运行python表达式］控件添加至此［条件分支］控件的下方，在弹出时"创建连接"对话框中选择"条件成立"选项，单击"确定"按钮，在其属性面板设置参数内容。具体设置如下："表达式"处设置表达式为"row[1]+row[2]+row[5]+row[8]"，表示将预收账款赋值给"执行结果"处的变量"t3"，如图7-32所示。

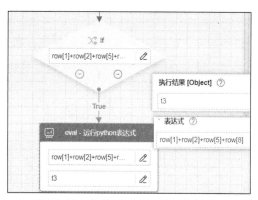

图 7-32　运行 python 表达式（6）

在控件面板中搜索［运行 python 表达式］控件添加至此［条件分支］控件的下方，在弹出时"创建连接"对话框中选择"条件不成立"选项，单击"确定"按钮。在其属性面板设置参数内容。具体设置如下：将 0 赋值给变量"t3"，表示不存在 3 年以上的预收账款，直接赋值为 0，如图 7-33 所示。

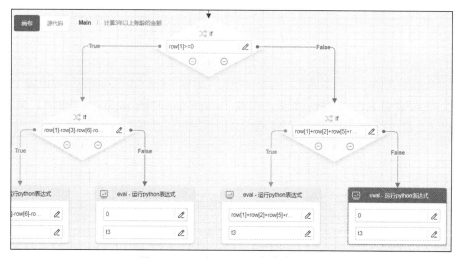

图 7-33　运行 python 表达式（7）

回到"Main"脚本，在控件面板中搜索［功能块］控件添加至"计算 3 年以上账龄的金额"［功能块］控件的下方，在其属性面板设置参数内容。具体设置如下："语句块名称"处设置为"计算 2 年以上账龄的金额"，如图 7-34 所示。

图 7-34　添加"计算 2 年以上账龄的金额"［功能块］控件

　　仿照"计算 3 年以上账龄的金额"［功能块］控件的方法，设置"计算 2 年以上账龄的金额"［功能块］控件，如图 7-35 所示。

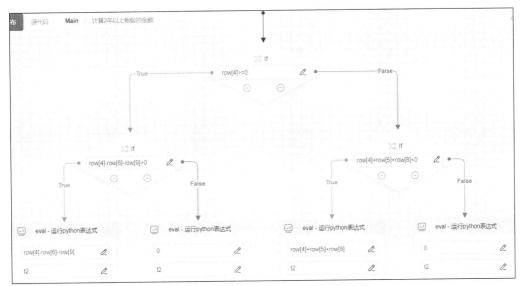

图 7-35　"计算 2 年以上账龄的金额"［功能块］控件概览

　　回到"Main"脚本，在控件面板中搜索［功能块］控件添加至"计算 2 年以上账龄的金额"［功能块］控件的下方，在其属性面板设置参数内容。具体设置如下："语句块名称"处设置为"计算 1 年以上账龄的金额"，如图 7-36 所示。

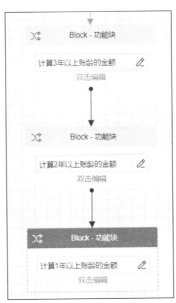

图 7-36　添加"计算 1 年以上账龄的金额"［功能块］控件

　　依旧仿照"计算 3 年以上账龄的金额"［功能块］控件的方法，设置"计算 1 年以上账龄的金额"［功能块］控件，如图 7-37 所示。

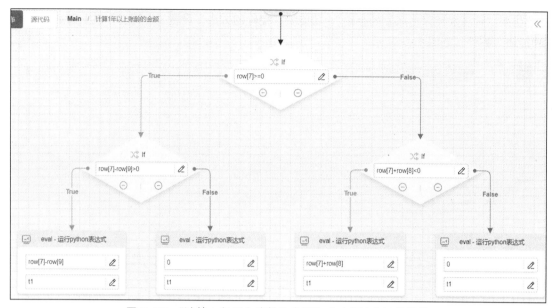

图 7-37　"计算 1 年以上账龄的金额"［功能块］控件概览

回到"Main"脚本，在控件面板中搜索［执行 python 语句］控件添加至"计算 1 年以上账龄的金额"［功能块］控件的下方，并在其属性面板中设置参数内容。具体设置如下："python 语句"处输入

```
row[11]=row[10]-t1
row[12]=t1-t2
row[13]=t2-t3
row[14]=t3
```

表示 1 年以内的应收账款为期末余额减去 1 年以上的金额；1～2 年的应收账款为 1 年以内的应收账款减去 2 年以上金额；2～3 年的应收账款为 2 年以上的金额减去 3 年以上金额；3 年以上的应收账款为 3 年以上的金额，如图 7-38 所示。

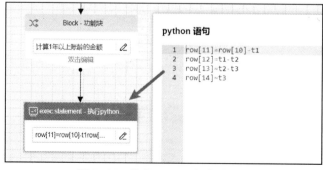

图 7-38　执行 python 语句（3）

在控件面板中搜索［执行 python 语句］控件添加至［执行 python 语句］控件的下方，并在其属性面板中设置参数内容。具体设置如下："python 语句"处输入"df_hz.iloc[index]=row"，如图 7-39 所示。

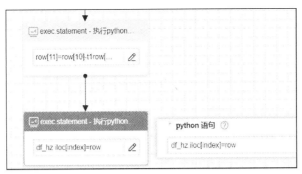

图 7-39　执行 python 语句（4）

（5）在控件面板中搜索［功能块］控件添加至［按行遍历表格］控件的下方，在弹出的"创建连接"对话框中选择"退出循环体"选项，单击"确定"按钮，在其属性面板设置参数内容。具体设置如下："语句块名称"处输入"把表格写入 Excel 文件"，如图 7-40 所示。

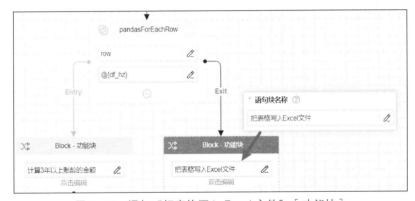

图 7-40　添加"把表格写入 Excel 文件"［功能块］

双击"把表格写入 Excel 文件"［功能块］控件对其进行编辑，在控件面板中搜索［运行 python 表达式］控件添加至"开始"　　▶　　的下方，在其属性面板设置参数内容。具体设置如下："表达式"处输入"df_hz.values.tolist()"；"执行结果"处设置变量"list_hz"，如图 7-41 所示。

图 7-41　运行 python 表达式（8）

在控件面板中搜索［结束 Excel 进程］控件添加至［运行 python 表达式］控件下方，再将［打开 Excel 文件］控件添加至［结束 Excel 进程］控件下方，在其属性面板中设置参数内容。具体设置如下："Excel 文件对象别名"处输入变量名称"Excel"；"软件类型"选择 Excel 类型；"Excel 文件路径"处引用变量"@{file}"，如图 7-42 所示。

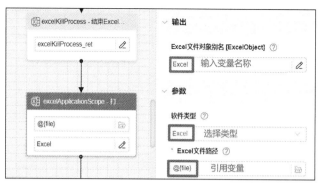

图 7-42　打开 Excel 文件

　　在控件面板中搜索［写入范围单元格］控件，添加至［打开 Excel 文件］控件下方，在其属性面板中设置参数内容。具体设置如下："工作表 Sheet"处输入工作表名称"汇总底稿"；"目标范围"处将范围设置大一点，输入"A2:Y10000"；"写入内容"处引用变量"@{list_hz}"，如图 7-43 所示。

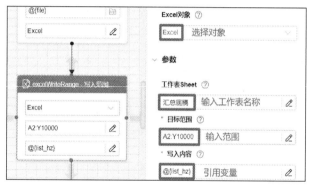

图 7-43　写入范围单元格

　　在控件面板中搜索［保存工作簿］控件和［关闭工作簿］控件，依次添加在［写入范围单元格］控件下方，"Excel 对象"处均选择 Excel，如图 7-44 所示。

图 7-44　保存、关闭 Excel

　　（6）最后添加［消息窗口］控件，在其属性面板中设置参数内容。具体设置如下："消息框内容"处设置为"恭喜您，全部完成！"（见图 7-45）。

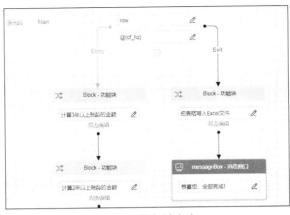

图 7–45　添加消息窗口

（7）运行机器人，结果分别如图 7-46 和图 7-47 所示。

	A	B	C	D	E	F	G	H	I	J	K	L	M	N	O
1	客户	2018年年初余额	2018年借	2018年贷方发生额	年年末余	2019年借	2019年贷	年年末余	2020年借	2020年贷	年年末余	1年内	1~2年	2~3年	3年以上
2	北京爱酷	770754.04	1208658	725851.48	1253560	807862	930000	1131422	64083.79	10000	1185506	64083.79	807862	313560.3	0
3	深圳神州	4000	18000	18000	4000	0	0	4000	38400	0	42400	38400	0	4000	0
4	深圳众鸿	-2770	0	0	-2770	0	0	-2770	0	0	-2770	0	0	0	-2770
5	深圳科蓝	1500	0	0	1500	0	0	1500	0	0	1500	0	0	0	1500
6	深圳祥和	-880	0	0	-880	0	0	-880	0	0	-880	0	0	0	-880
7	深圳鑫万	113220	89700	82890	120030	47100	66900	100230	2100	12330	90000	2100	47100	40800	0
8	怀来卡泰	29970	207700	218390	19280	364880	383855	305	122173	107818	14660	14660	0	0	0
9	深圳博通	-8000	0	0	-8000	0	0	-8000	0	0	-8000	0	0	0	-8000
10	深圳军升	259670	0	180000	79670	0	76700	2970	0	0	2970	0	0	0	2970
11	深圳聚宝	60000	0	0	60000	0	0	60000	0	0	60000	0	0	0	60000
12	深圳麦哲	-1180	74840	77540	-3880	36000	36000	-3880	43370	43370	-3880	-3880	0	0	0
13	深圳华夏	-910	0	0	-910	0	0	-910	0	0	-910	0	0	0	-910
14	深圳汇和	334140	0	0	334140	11100	111680	233560	0	234421	-861	-861	0	0	0
15	启融普惠	36000	0	0	36000	0	0	36000	0	0	36000	0	0	0	36000
16	深圳兆维	0	24370	23260	1110	43520	45370	-740	32960.01	31110	1110.01	1110.01	0	0	0
17	深圳意帆	450	0	0	450	0	0	450	0	0	450	0	0	0	450
18	北京市华	-11050	0	0	-11050	0	0	-11050	0	0	-11050	0	0	0	-11050
19	中电恒宇	808	0	0	808	0	0	808	0	0	808	0	0	0	808
20	深圳紫光	-720	0	0	-720	0	0	-720	0	0	-720	0	0	0	-720
21	深圳铭盛	-450	0	0	-450	0	0	-450	0	0	-450	0	0	0	-450
22	深圳中科	4900	0	0	4900	0	0	4900	0	0	4900	0	0	0	4900
23	深圳赛尔	-5600	0	0	-5600	0	0	-5600	0	0	-5600	0	0	0	-5600
24	深圳华宇	-1100	0	0	-1100	0	0	-1100	0	0	-1100	0	0	0	-1100
25	深圳安科	555620	497240	773450	279410	310000	589000	410	225	225	410	225	185	0	0
26	深圳二联	0	12650	17050	-4400	11550	7150	0	7440	7970	-530	-530	0	0	0
27	深圳正源	-1900	0	0	-1900	0	0	-1900	0	0	-1900	0	0	0	-1900
28	深圳华诚	-10220	36750	37800	-11270	28000	24500	-7770	89250	89250	-7770	-7770	0	0	0
29	深圳融海	332936	28500	30000	331436	191436	223436	299436	135780	112380	322836	135780	187056	0	0

2018年余额表　2019年余额表　2020年余额表　汇总底稿　检验

图 7–46　运行结果（汇总底稿）

	A	L	M	N	O	P	Q	R	S	T	U	V	W
1	客户	1年内	1~2年	2~3年	3年以上	验证结果		-		1年内	1~2年	2~3年	3年以上
2	北京爱酷智能科技有限	64,083.79	807,861.95	313,560.30	-	-	-	-	-	64083.79	807861.95	313560.3	0
3	深圳神州泰业科技发展	38,400.00	-	4,000.00	-	-	-	-	-	38400	0	4000	0
4	深圳众鸿大信息技术有	-	-	-	(2,770.00)	-	-	-	-	0	0	0	-2770
5	深圳科蓝软件系统股份	-	-	-	1,500.00	-	-	-	-	0	0	0	1500
6	深圳祥和正业科技发展	-	-	-	(880.00)	-	-	-	-	0	0	0	-880
7	深圳鑫万佳科技发展有	2,100.00	47,100.00	40,800.00	-	-	-	-	-	2100	47100	40800	0
8	怀来卡泰来电子科技有	14,660.00	-	-	-	-	-	-	-	14660	0	0	0
9	深圳博通智雅科技发展	-	-	-	(8,000.00)	-	-	-	-	0	0	0	-8000
10	深圳军升普电子模具科	-	-	-	2,970.00	-	-	-	-	0	0	0	2970
11	深圳聚宝网络科技有限	-	-	-	60,000.00	-	-	-	-	0	0	0	60000
12	深圳麦哲科技有限公司	(3,880.00)	-	-	-	-	-	-	-	-3880	0	0	0
13	深圳华夏聚龙自动化股	-	-	-	(910.00)	-	-	-	-	0	0	0	-910
14	深圳汇和乾元科技发展	(861.00)	-	-	-	-	-	-	-	-861	0	0	0
15	启融普惠（北京）科技	-	-	-	36,000.00	-	-	-	-	0	0	0	36000
16	深圳兆维自眼装备技术	1,110.01	-	-	-	-	-	-	-	1110.01	0	0	0
17	深圳意帆盛世体育文化	-	-	-	450.00	-	-	-	-	0	0	0	450
18	北京市华科南方电子设	-	-	-	(11,050.00)	-	-	-	-	0	0	0	-11050
19	中电恒宇（北京）科技	-	-	-	808.00	-	-	-	-	0	0	0	808
20	深圳紫光图文系统有限	-	-	-	(720.00)	-	-	-	-	0	0	0	-720
21	深圳铭盛佳业商贸有限	-	-	-	(450.00)	-	-	-	-	0	0	0	-450
22	深圳中科安瑞科技有限	-	-	-	4,900.00	-	-	-	-	0	0	0	4900
23	深圳赛尔启航软件有限	-	-	-	(5,600.00)	-	-	-	-	0	0	0	-5600
24	深圳华宇信息技术有限	-	-	-	(1,100.00)	-	-	-	-	0	0	0	-1100
25	深圳安科信创科技发展	225.00	185.00	-	-	-	-	-	-	225	185	0	0
26	深圳二联欧科科技有限	(530.00)	-	-	-	-	-	-	-	-530	0	0	0
27	深圳正源浩商务咨询有	-	-	-	(1,900.00)	-	-	-	-	0	0	0	-1900
28	深圳华诚众智科技有限	(7,770.00)	-	-	-	-	-	-	-	-7770	0	0	0
29	深圳融海通达科技有限	135,780.00	187,056.00	-	-	-	-	-	-	135780	187056	0	0

2018年余额表　2019年余额表　2020年余额表　汇总底稿　检验

图 7–47　运行结果（检验）

📖 **前沿资讯**

把数字技术广泛应用于政府管理服务

北京市将数字化思维融入政府治理全过程，通过大数据分析民生需求，对群众急难愁盼问题进行源头治理；浙江省深化"最多跑一次"改革，大力推动政府数字化转型；安徽省通过打造"一图一端一码"，解决群众办事难、办事慢的问题……近年来，各地稳步推进数字政府建设，有力推动了政府职能转变，提升了办事效率，让数字技术更好地服务人民、造福人民。

加强数字政府建设是创新政府治理理念和方式的重要举措。党的十八大以来，党中央围绕实施网络强国战略、大数据战略等作出一系列重大部署，各方面工作取得新进展。2021 年 5 月发布的一项报告显示，在省级行政许可事项中，平均承诺时限压缩 51.13%，99.55%的事项实现网上可办，89.77%的事项实现网上受理和"最多跑一次"。

"数据"多跑路，百姓就能少跑腿。加强数字政府建设，必须把满足人民对美好生活的向往作为出发点和落脚点。这是贯彻以人民为中心发展思想的必然要求，也是增强数字政府效能的必然选择。从广泛运用大数据、云计算、人工智能等技术织牢防护网，到智慧城市建设中通过"数据大脑"集成警务、交通、城管等各种应用场景，为群众提供订单式优质服务，一项项数字政府建设成果，给群众带来实实在在的获得感。从根本上讲，数字技术是手段而不是目的。只有坚持以人民为中心，以群众的实际需求为导向，从解决群众关切的现实问题入手，才能确保数字政府建设更加贴近实际、有效管用。

人民对美好生活的需求涉及方方面面。随着数字政府建设的推进，公共服务领域也发生了深刻变革。从"线下跑"向"网上办"、由"分头办"向"协同办"，政务服务正从政府供给导向向群众需求导向转变；数字应用促进民生服务、企业发展、灾害预测、应急管理等领域更加高效，政府治理方式有了极大拓展和创新。这也决定了，加强数字政府建设，必须以数字化改革助力政府职能转变，统筹推进各行业各领域政务应用系统集约建设、互联互通、协同联动，发挥数字化在政府履行经济调节、市场监管、社会管理、公共服务、生态环境保护等方面职能的重要支撑作用，构建协同高效的政府数字化履职能力体系。

民之所望，政之所向。近年来，互联网、大数据、云计算、人工智能、区块链等技术加速创新，日益融入经济社会发展各领域全过程。乘着新一轮科技革命的"东风"，数字政府建设大有可为、也必将大有作为。坚持以人民为中心，坚持正确政治方向，推动政府数字化、智能化运行，我们就一定能加快建设人民满意的服务型政府，不断增强人民群众的获得感、幸福感、安全感。

（资料来源：《人民日报》，有删减，2022 年 5 月 13 日）

课后练习

操作题

开发一个应收账款自动对账机器人，使其能够根据应收和实收数据（见图 7-48），按照客户名称进行自动对账，并将对账差异"已收款"和"余额"进行单独列示。应收和实收数据可从本书配套教学资源包中获取。

应收账款台账

序号	订单日期	订单号	客户	凭证号	发票号码	总金额	已收款	余额
1	2020/6/1	92828373-01	内蒙古天奇中蒙制药股份有限公司	6月转231	82827373	3,000,000.00		
2	2020/6/1	92828373-02	天津中新药业集团股份有限公司药材公司	6月转232	82827375	2,500,000.00		
3	2020/6/1	92828373-03	秦皇岛克缇进出口贸易有限公司	6月转233	82827377	1,700,000.00		
4	2020/6/1	92828373-04	广东汇群中药股份有限公司	6月转234	82827379	4,500,000.00		
5	2020/6/2	92828373-05	天津王朝国际酒业有限公司	6月转235	82827381	300,000.00		
6	2020/6/3	92828373-06	上海炎贝贸易有限公司	6月转236	82827383	234,000.00		
7	2020/6/3	92828373-07	建科机械（天津）股份有限公司	6月转237	82827385	1,200,000.00		
8	2020/6/3	92828373-08	沃尔玛(中国)投资有限公司	6月转238	82827387	500,000.00		
9	2020/6/3	92828373-09	上海创机然食品贸易有限公司	6月转239	82827389	7,000,000.00		
10	2020/6/4	92828373-10	珠海恒大饮品有限公司	6月转240	82827391	6,700,000.00		
11	2020/6/4	92828373-11	天矿电器设备有限公司	6月转241	82827393	700,000.00		
12	2020/6/4	92828373-12	广州宝洁有限公司（北京）	6月转242	82827395	9,000,000.00		
13	2020/6/4	92828373-13	C河北万岁药业集团有限公司	6月转243	82827397	3,100,000.00		
14	2020/6/4	92828373-14	成都菲斯特化工有限公司	6月转244	82827399	55,000.00		
15	2020/6/4	92828373-15	天津市佛伦斯润滑制品有限公司	6月转245	82827401	780,000.00		

收款记录

序号	日期	付款单位	付款方式	金额	送款人	备注
1	2020/9/1	内蒙古天奇中蒙制药股份有限公司	网银	100000		
2	2020/9/2	天津中新药业集团股份有限公司药材公司	电汇	300000		
3	2020/9/3	秦皇岛克缇进出口贸易有限公司	网银	230000		
4	2020/9/4	内蒙古天奇中蒙制药股份有限公司	电汇	450000		
5	2020/9/5	天矿电器设备有限公司	电汇	110000		
6	2020/9/6	天矿电器设备有限公司	电汇	40000		
7	2020/9/7	内蒙古天奇中蒙制药股份有限公司	网银	78900		
8	2020/9/8	天津中新药业集团股份有限公司药材公司	网银	777700		
9	2020/9/9	内蒙古天奇中蒙制药股份有限公司	网银	240000		
10	2020/9/10	沃尔玛(中国)投资有限公司	网银	40000		
11	2020/9/11	广州宝洁有限公司（北京）	电汇	78900		
12	2020/9/12	沃尔玛(中国)投资有限公司	网银	777700		
13	2020/9/13	天矿电器设备有限公司	电汇	34000		
14	2020/9/14	广州宝洁有限公司（北京）	电汇	50000		
15	2020/9/15	上海炎贝贸易有限公司	电汇	50000		

图 7-48 应收账款台账及收款记录

RPA 在总账到报表中的应用：汇率维护机器人

- 知识目标
  1. 掌握汇率维护机器人可行性分析的方法
  2. 掌握汇率维护机器人流程设计与程序开发的方法
- 能力目标
  1. 能梳理自动采集和写回汇率数据的业务流程，设计汇率维护流程图，确保在开发之前找到并清除潜在的问题
  2. 能开发 RPA 汇率维护机器人，自动采集中行折算价数据，确保自动生成并写回汇率数据
  3. 能及时监控机器人运行，自动抓取和计算汇率数据，如遇到失败情况，确保可以复核程序，查找原因，形成分析报告和提出修改建议
- 素养目标
  1. 严谨细致，具备较强的动手操作能力和逻辑思维能力
  2. 具备良好的自主学习能力和实操能力
  3. 遵循诚实守信的职业道德，依法合规的职业操守

总账到报表的流程，是指完成各项业务系统、总账的凭证处理后，核对各模块的明细数据与总账数据，结账并生成财务报表的过程。总账到报表流程中关账、标准记账分录处理、对账、财务报表的出具等工作可借助 RPA 机器人完成。

任务一　汇率维护机器人流程梳理

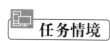
任务情境

近年来，国际油价飙涨、劳力成本攀升，加上利率不断走高增加了航空公司的运营成本，给航空业带来了多重挑战。业内人士指出，近年人民币汇率变动频率和幅度加大，汇率变动逐渐成为影响航空业证券价格的核心因素之一。幸运航空公司的汇率管理维护工作每月都要财务部派专人完成。财务人员先手工查询中国银行外汇牌价（见图 8-1），然后录入、汇总，最后完成当月的外币市场汇率维护表（见图 8-2）。这是一项烦琐、重复性高且十分浪费人力资源的工作。

中国银行外汇牌价

打印

起始时间：请输入关键字　结束时间：请输入关键字　牌价选择：选择货币　【关于远离违法违规外汇交易的风险提示】

货币名称	现汇买入价	现钞买入价	现汇卖出价	现钞卖出价	中行折算价	发布日期	发布时间
阿联酋迪拉姆		177.19		190.36	183.62	2022-07-29	11:15:50
澳大利亚元	470.77	456.14	474.23	476.33	471.96	2022-07-29	11:15:50
巴西里亚尔		124.9		141.81	130.11	2022-07-29	11:15:50
加拿大元	524.98	508.41	528.85	531.19	526.62	2022-07-29	11:15:50
瑞士法郎	705.08	683.33	710.04	713.08	706.37	2022-07-29	11:15:50
丹麦克朗	92.07	89.23	92.81	93.25	92.36	2022-07-29	11:15:50
欧元	685.81	664.5	690.87	693.09	687.39	2022-07-29	11:15:50
英镑	818.59	793.15	824.61	828.26	820.83	2022-07-29	11:15:50

图 8–1　中国银行外汇牌价

	A	B	C
1	有效日期	货币名称	汇率
2		美元	
3		欧元	
4		日元	
5		英镑	
6		港币	
7		瑞士法郎	
8		德国马克	
9		加拿大元	
10		韩元	
11		泰国铢	
12		新西兰元	
13		新加坡元	
14		瑞典克朗	
15		印度卢比	
16		挪威克朗	
17		荷兰盾	
18		意大利里拉	
19		菲律宾比索	
20		丹麦克朗	

图 8–2　汇率维护表

任务描述

航空公司必须时刻关注汇率的变化，做好每个月汇率数据的统计工作。一套智能化的系统能够在很大程度上帮助航空公司降本增效，提升运营水平。幸运航空公司可以开发一个汇率维护机器人，自动爬取特定时间节点的外汇数据，写入 Excel 表格，然后将 Excel 表格中每个币种对应的汇率更新到公司的财务核算系统、变动成本管理系统、商务数据系统、全面预算管理系统等各项前端业务系统中，进一步提升部门业务流程的自动化和智能化水平。请结合幸运航空公司的汇率管理维护工作分析汇率维护机器人开发的需求、流程及可行性。

知识要点

总账到报表的流程，会涉及下面几类应用场景。

◆ 薪资发放：RPA 机器人导入薪资明细表，自动生成薪资计提发放单，通过银企联云发放工资，归集电子回单，实现薪资核算自动化。

◆ 出具单体报表：RPA 机器人自动完成数据汇总、合并抵消、邮件数据催收、系统数据导出及处理等工作，自动出具模板化的单体报表。

◆ 关账：RPA 机器人自动进行各项关账工作，如现金盘点、银行对账、销售输入确认、应收账款对账、关联方对账、应付款项对账等。

◆ 对账：RPA 机器人每日自动完成对账和调节表打印工作，全程无须人工干预。

汇率，指的是两种货币之间兑换的比率，亦可视为一个国家的货币对另一个国家货币的价值。汇率变动对一个国家的进出口贸易有着直接的调节作用。汇率会因为利率、通货膨胀等原因而变动。

RPA 机器人会依据中国银行外汇牌价网站的信息，抓取特定日期的不同国家的汇率，自动生成数据并将其保存在 Excel 中。

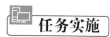
任务实施

一、需求整理与流程分析

1. 需求整理

汇率维护工作涉及中国银行官网的访问与查询，财务人员小秦需要从中查看各外币在特定日期兑换人民币中间价，从文本中获取数字信息，下载至 Excel 表格中。

RPA 机器人可以利用文本理解能力进行信息抽取，从非结构化的中间价公告文本中提取汇率信息，同时也可以利用表格识别能力对以表格格式呈现的汇率进行读取。成功获取数据后，RPA 机器人会将数据写入 Excel 表格中，完成汇率维护的工作。

2. RPA 流程分析

汇率维护流程复制粘贴动作是重复的，每个币种对应的汇率都要查询，执行的频率很高，无须人为进行主观判断，非常适合用 RPA 技术来实现业务流程的自动化。人工流程与 RPA 流程对比如表 8-1 所示。

表 8-1　　　　　　　　　　　　人工流程与 RPA 流程对比

人工流程	RPA 流程
（1）登录中国银行网址	（1）自动打开网页，登录中国银行网址
（2）进入中国银行外汇牌价模块	（2）自动进入中国银行外汇牌价模块
（3）选择起始和结束时间	（3）自动输入起始时间和结束时间
（4）打开汇率维护表	（4）自动打开汇率维护表，也可以后台操作
（5）选择外汇货币名称	（5）自动选择外汇货币名称
（6）获取第一个货币中行折算价，通过公式计算汇率	（6）判断某个货币名称是否有中行折算价
	（7）如果有，计算汇率，并将其写入汇率维护表
	（8）如果没有，将"未找到汇率"写入汇率维护表
（7）重复（5）、（6）的操作	（9）重复（6）～（8）的操作
（8）关闭网页	（10）关闭网页

二、可行性分析

在完成了需求整理和流程分析之后，要进行可行性分析，目的是尽可能地在开发之前找出障碍并清除。可行性分析表如表 8-2 所示。

表 8-2　　　　　　　　　　　　　　　　　可行性分析表

问题	分析结果
登录过程中是否存在验证码或者其他很难实现自动化的影响因素	不存在，直接登录中国银行官网即可
机器人可以登录手机 App 吗	不可以，需要登录网页版
中国银行官网系统升级情况需要考虑吗	需要，如果系统升级，需要针对升级后的系统进行机器人的开发与维护
机器人在获取不同币种的汇率时，需要翻页吗	不需要
机器人可以做计算工作吗	可以
货币名称可以是简称吗	不可以，必须与中国银行外汇牌价中货币名称一样
当存在两个页面会影响到机器人的工作吗	会影响，需要精准定位

任务二　汇率维护机器人开发与应用

任务情境

开发 RPA 汇率维护机器人，使其能够自动采集中行折算价数据，确保自动生成并写回汇率数据。

任务描述

汇率维护机器人打开需要汇率维护的 Excel 表格，自动登录中国银行网站，打开外汇牌价页面，按照给定的日期，搜索需要维护汇率的中行折算价数据，并写入 Excel 表格。

知识要点

RPA 操作控件

1. hasElement –［网页元素是否存在］控件

［网页元素是否存在］控件的作用是判断网页中特定位置是否存在元素。该控件的属性设置如图 8-3 所示。"目标元素"右侧的"拾取元素"图标⊕，用来定位元素的位置；"检查状态"处下拉框根据检查状态判断元素是否存在，"visible"表示元素在页面中可见，"present"表示元素在页

面中存在，无则默认是"present"；"等待页面加载"处输入执行操作前，等待的页面加载策略，"complete"表示等待页面加载完成，"loading"表示不等待页面加载完成，为空时默认为 complete，将检查的结果放置到"检查结果"处，结果变量的类型是布尔型。

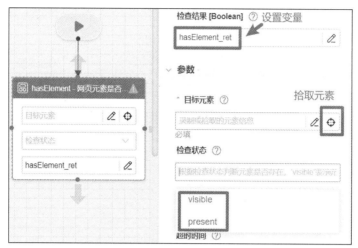

图 8-3 ［网页元素是否存在］控件的属性设置

2. exec.statement – ［执行 python 语句］控件

在此控件中，输入要执行的 python 语句，如图 8- 4 所示。

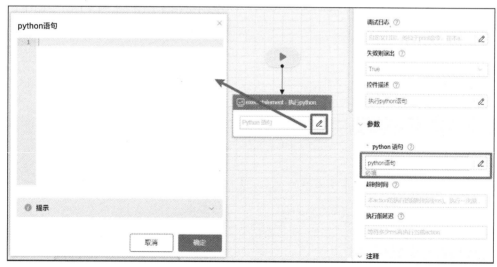

图 8-4 ［执行 python 语句］控件的属性设置

任务实施

一、流程设计

根据任务情境描述，要完成工作任务，模拟人工操作，RPA 流程如图 8-5 所示。

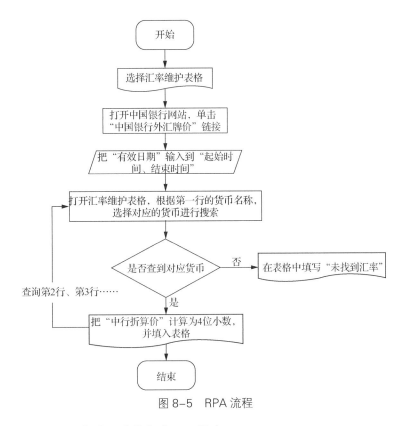

图 8-5 RPA 流程

根据 RPA 流程图，业务流程步骤如表 8-3 所示。

表 8-3 业务流程步骤

序号	步骤	活动	注意事项
1	提示用户选择需要汇率维护的 Excel 文件	［消息窗口］ ［选择文件/目录框］	
2	打开汇率维护表	［打开 Excel 文件］ ［获取区域文本］	Excel 基本三流程
3	打开中国银行外汇牌价查询页面，输入查询日期	［打开网页］ ［鼠标单击网页元素］ ［在网页中输入文本］	网页地址一定要填写对应的协议
4	循环查询不同外币汇率并保存	［遍历/计次循环］ ［鼠标单击网页元素］ ［在网页中输入文本］ ［网页元素是否存在］ ［条件分支］ ［获取网页文本］	注意判断外币汇率是否存在 注意初始查询界面和循环查询界面的元素的位置可能会有变化
5	将循环结果写入汇率维护 Excel 表中，并保存、关闭文件	［打开 Excel 文件］ ［写入范围单元格］ ［保存工作簿］ ［关闭工作簿］	Excel 基本三流程
6	提示用户完成	［消息窗口］	

二、操作过程

（1）打开华为 WeAutomate 设计器，设置浏览器扩展程序。

（2）新建脚本，命名为"汇率维护机器人"，在控件面板中搜索［消息窗口］控件添加至"开始" ▶ 的下方，在"消息框内容"中写入信息"请选择要维护的汇率文件。"。在［消息窗口］控件的下方添加［选择文件/目录框］控件，在其属性面板中设置参数。具体设置如下："文件或目录名称"处设置变量"file"；"对话框类型"处选择 file，如图 8-6 所示。

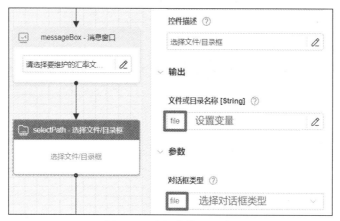

图 8-6　选择文件/目录框

添加［输入对话框］控件至［选择文件/目录框］控件下方，在其属性面板中设置参数。具体设置如下："输入标签内容"处输入"请输入要查询的日期（格式：2022-07-07）"；"对话框内容"处设置变量"date"，表示将输入的内容存放在变量 date 中，如图 8-7 所示。

图 8-7　输入对话框

（3）添加［结束 Excel 进程］控件至［输入对话框］控件下方，再在控件面板搜索［打开 Excel 文件］控件添加至［结束 Excel 进程］控件下方，在其属性面板中设置参数内容。具体设置如下："Excel 文件对象别名"处输入变量"Excel"；"软件类型"处选择 Excel；在"Excel 文件路径"处引用变量"@{file}"，如图 8-8 所示。

在控件面板中搜索［获取区域文本］控件添加到［打开 Excel 文件］控件下方，在其属性面板中设置参数内容。具体设置如下："文本内容"处设置变量"file_value"；"工作表 Sheet"输入"sheet1"；"单元格位置"处输入"A2:C100"，将范围写大一点；"格式化方法"选择"skipLastEmpty,formatCell"，表示忽略表格末尾行列的空单元格数据，并且将获取的表格数据格式化显示，如图 8-9 所示。

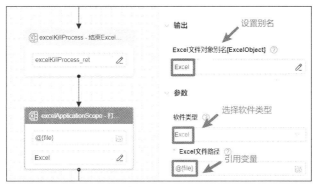

图 8-8　打开 Excel 文件（1）

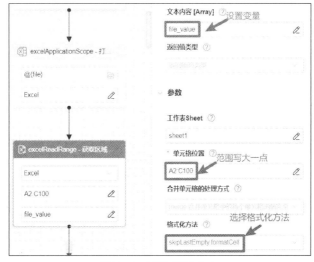

图 8-9　获取区域文本

最后，在［获取区域文本］控件后添加［关闭工作簿］控件，在其属性面板中设置参数内容。具体设置如下："Excel 对象"处选择 Excel；"保存文件"处选择 True，如图 8-10 所示。

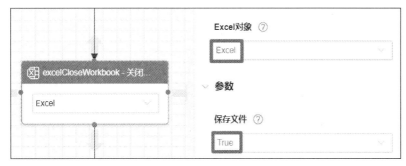

图 8-10　关闭工作簿

（4）在控件面板搜索［打开网页］控件添加至［关闭工作簿］控件下方，在其属性面板中设置参数内容。具体设置如下：在"网页地址"中输入中国银行网址 https://www.boc.cn/；"浏览器类型"处选择 Chrome；"最大化打开网页"处选择 True，如图 8-11 所示。

图 8-11　打开网页

打开中国银行网页放置到华为 WeAutomate 设计器下一层，在设计器控件面板中搜索［鼠标单击网页元素］控件添加至［打开网页］控件的下方，在其属性面板中设置参数内容。具体设置如下："目标元素"处单击"拾取元素"图标⊕，在中国银行网页中选择"中国银行外汇牌价"，待选择框变成蓝色时，单击鼠标左键确定拾取范围，如图 8-12 所示。

图 8-12　鼠标单击网页元素（1）

在控件面板内搜索［在网页中输入文本］控件添加至［鼠标单击网页元素］控件下方，在其属性面板中设置参数内容。具体设置如下：单击"输入位置"右侧的"拾取元素"图标⊕，在中国银行网页中选择"起始时间"后面的输入框；"输入内容"处引用变量"@{date}"，如图 8-13 所示。

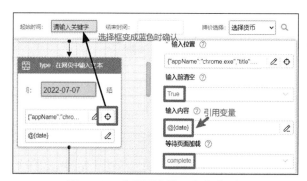

图 8-13　在网页中输入文本（1）

同样，在［在网页中输入文本］控件下方再添加一个［在网页中输入文本］控件，在其属性面板中设置参数内容。具体设置如下：在"结束时间"处引用变量"@{date}"，如图 8-14 所示。

图 8-14 结束时间

在［在网页中输入文本］控件下方添加［鼠标单击网页元素］控件，在其属性面板中设置参数内容。具体设置如下：单击"目标元素"右边的"拾取元素"图标✛，在网页中选择"牌价选择"下拉框右边的"搜索"按钮🔍，按钮变成蓝色时单击鼠标左键确认拾取范围，进入外汇牌价搜索页面，如图 8-15 所示。

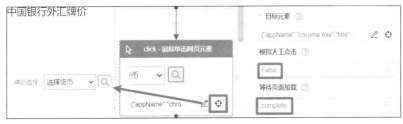

图 8-15 鼠标单击网页元素（2）

回到中国银行外汇牌价网页，手动单击"选择货币"旁边的"搜索"按钮🔍，进入外汇牌价搜索的循环查询页面，如图 8-16 所示。

图 8-16 进入外汇牌价搜索的循环查询页面

（5）回到华为 WeAutomate 设计器，在控件面板中搜索［遍历/计次循环］控件，添加至［鼠标单击网页元素］控件的下方，在其属性面板中设置参数内容。具体设置如下："数据集合"处引用变量"@{file_value}";"条目名称"处输入变量名"item",如图 8-17 所示。

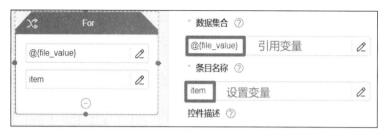

图 8-17 遍历/计次循环

在控件面板中搜索[在网页中输入文本]控件添加至[遍历/计次循环]控件下方,在弹出的"创建连线"对话框中选择"进入循环体"选项,单击"确定"按钮,如图 8-18 所示。

图 8-18 创建连线(1)

在[在网页中输入文本]控件属性面板中设置参数内容。具体设置如下:"输入位置"处单击"拾取元素"按钮✛,在中国银行外汇牌价网页中选择"牌价选择"后面的下拉框,选择框变成蓝色时单击确认;"输入内容"处引用变量"@{item[1]}",如图 8-19 所示。

图 8-19 在网页中输入文本(2)

在[在网页中输入文本]控件下方添加[鼠标单击网页元素]控件,在其属性面板中设置参数内容。具体设置如下:单击"目标元素"右边的"拾取元素"图标✛,在中国银行外汇牌价网页中选择"牌价选择"下拉框右边的"搜索"按钮,按钮变成蓝色时确认拾取范围,如图 8-20 所示。

图 8-20　鼠标单击网页元素（3）

在控件面板内搜索［网页元素是否存在］控件添加至［鼠标单击网页元素］控件下方，在其属性面板中设置参数内容。具体设置如下：单击"目标元素"右侧的"拾取元素"图标➕，在中国银行外汇牌价网页中选择外汇牌价"中行折算价"第一行的元素，待选择框变成蓝色时确认拾取范围；"检查结果"处设置变量"yes_no"，表示将判断结果放入此变量中，注意这个变量是布尔型的，如图 8-21 所示。

图 8-21　网页元素是否存在

在控件面板中搜索［条件分支］控件，添加至［网页元素是否存在］控件下方；再搜索［获取网页文本］控件，添加至［条件分支］控件下方。在弹出的"创建连线"对话框中选择"条件成立"选项，单击"确定"按钮，如图 8-22 所示。

图 8-22　创建连线（2）

在［获取网页文本］控件属性面板中设置参数内容。具体设置如下：单击"目标元素"右侧的"拾取元素"图标➕，在中国银行外汇牌价网页中选择当前外汇牌价"中行折算价"第一行的元素，待选择框变成蓝色后确认拾取范围；"文本信息"处设置变量"text1"，表示将获取到的网页文本信息存储到文本类型变量"text1"中，如图 8-23 所示。

图 8-23　获取网页文本

在控件面板中搜索［执行 python 语句］控件添加至［获取网页文本］控件下方，在其属性面板中设置"python 语句"为：

```
item[2]=round(float(text1)/100,4)
item[0]=date
```

表示将获取到的文本型数据转换为浮点型数据，除以 100，并保留小数点后 4 位，如图 8-24 所示。

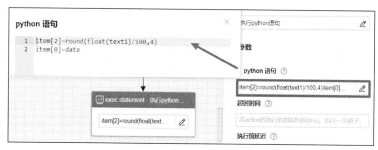

图 8-24　执行 python 语句（1）

在控件面板中搜索［执行 python 语句］控件添加至［条件分支］控件下方，在弹出的"创建连线"对话框中选择"条件不成立"选项，单击"确定"按钮。"python 语句"设置为：

```
item[2]="未找到汇率！"
item[0]=date
```

表示如果条件不成立，则输出"未找到汇率"，如图 8-25 所示。

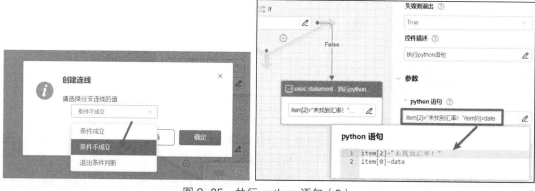

图 8-25　执行 python 语句（2）

在控件面板中搜索［退出浏览器］控件添加至［遍历/计次循环］控件下方，在弹出的"创建连线"对话框中选择"退出循环体"选项，单击"确定"按钮。在［退出浏览器］控件的属性面板中设置参数内容。具体设置如下：单击"目标元素"右侧的"拾取元素"图标⊕，选择当前的网页页面，待选择框变成蓝色后确认拾取范围，如图 8-26 所示。

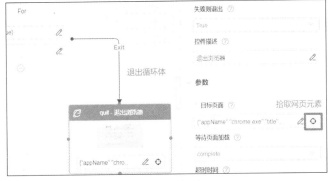

图 8-26　退出浏览器

（6）在控件面板中搜索［结束 Excel 进程］添加至［退出浏览器］控件下方，再将［打开 Excel 文件］控件添加至［结束 Excel 进程］控件下方，在［打开 Excel 文件］控件属性面板中设置参数内容。具体设置如下："Excel 文件对象别名"处输入变量名称"Excel"；"软件类型"处选择 Excel；"Excel 文件路径"处引用变量"@{file}"，如图 8-27 所示。

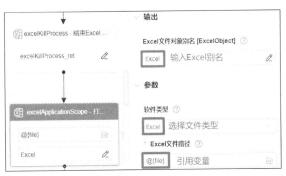

图 8-27　打开 Excel 文件（2）

在控件面板中搜索［写入范围单元格］控件添加至［打开 Excel 文件］控件下方，在其属性面板中设置参数内容。具体设置如下："目标范围"处设置为"A2:C100"；"写入内容"处引用变量"@{file_value}"；"Excel 对象"处选择 Excel，如图 8-28 所示。

在控件面板中搜索［保存工作簿］和［关闭工作簿］控件，依次添加在［写入范围单元格］下方，"Excel 对象"处均选择 Excel。

图 8-28　写入范围单元格

在控件面板中搜索［消息窗口］控件，将其添加至［关闭工作簿］控件右侧。在其属性面板中设置参数内容，"消息框内容"为"恭喜您，汇率维护全部完成！"（见图 8-29）。

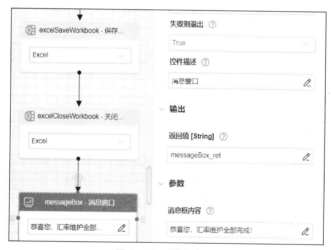

图 8-29　消息窗口

（7）运行汇率维护机器人，结果如图 8-30 所示。

	A	B	C	D	E	F	G
1	有效日期	货币名称	汇率				
2	2022-07-07	美元	6.7447				
3	2022-07-07	欧元	6.8048				
4	2022-07-07	日元	0.0487				
5	2022-07-07	英镑	未找到汇率！				
6	2022-07-07	港币	0.8592				
7	2022-07-07	瑞士法郎	6.9132				
8	2022-07-07	德国马克	未找到汇率！				
9	2022-07-07	加拿大元	5.1827				
10	2022-07-07	韩元	未找到汇率！				
11	2022-07-07	泰国铢	0.1843				
12	2022-07-07	新西兰元	4.1655				
13	2022-07-07	新加坡元	4.8239				
14	2022-07-07	瑞典克朗	0.6440				
15	2022-07-07	印度卢比	0.0847				
16	2022-07-07	挪威克朗	0.6622				
17	2022-07-07	荷兰盾	未找到汇率！				
18	2022-07-07	意大利里拉	未找到汇率！				
19	2022-07-07	菲律宾索	0.1199				
20	2022-07-07	丹麦克朗	0.9143				

图 8-30　运行结果

📖 前沿资讯

RPA 并非大型企业的专利，中小企业财务机器人同样值得关注

中小企业是指在中国境内依据相关法律设立的，且经济体量、人员规模都较小的企业。根据中国政府采购网在 2020 年发布的《中小企业会计信息化研究》，我们可以发现相比大型企业如国有大型银行以及地产企业，总体上我国小微企业的内部财会信息化并没有真正意义上实现普及。占我国企业结构 90% 以上的中小企业，会计信息化程度不足 20%。

RPA 技术是一种自动化新兴技术，近年来，被广泛应用于金融、财税领域，借助本身在处理数据与挖掘信息中的优势，推动财务转型。其在中小企业财税应用的必要性主要体现在三个方面。

首先，中小企业财税管理都需要根据自身所处行业龙头企业财税管理数字化程度进行不同程度的数字化转型。基于 RPA 技术原理，其在集团型企业中可以实现的功能主要包括数据检索与记载、图像识别与智能处理、数据上传与下载、数据的加工与分析、信息监控与报告产出，具体体现为将中小企业财税办公流程中票据录入、账务核算、纳税申报等进行自动化，因此作为数字化"新基建"的 RPA 技术能够在一定程度上融合现有各项新兴技术，成为赋能中小企业数字化的助推剂。目前，许多中小企业仍存在数字化转型只停留在概念上的问题，缺乏具体、有效的财税数字化转型可实施方案。不难发现，中小企业数字化转型虽迫在眉睫，但缺乏精准有效、可执行操作的财税数字化转型可实施方案。

其次，更实际的重要性体现在 RPA 能够为企业带来增效降本的效果，能够促进财务人员实现更大的价值。中小企业财务管理的主要特点是投资规模相对较小、流动资金过少、偿债能力较差，因此，大部分中小企业为节约开支并不聘请专业的财务人员，而是采用财务外包寻找财税咨询服务公司的方式进行财税管理，这间接使得中小企业在经营过程中缺乏风险抵御能力，发展难以为继。利用 RPA 的三个特性——非侵入性、低成本性和灵活配置性，能够让中小企业在进行 RPA 部署时，不用改变已有的信息系统就能够帮助财务人员完成重复性高、标准化的基础业务工作，从而降低企业的人工成本，提高企业的工作效率。

同时，利用 RPA 也将帮助财务人员能够投身于具有更高附加值的工作中，促进中小企业财务人员在数字化时代的背景下改变原有的财务观念，从核算型人才转型成管理型人才。更为重要的是，RPA 的应用可以有效推动中小企业形成财务共享中心，达成财税一体化，缓解"信息孤岛"问题。

目前，RPA 技术作为构建财务共享中心的解决方案，往往被企业称为"信息化新基建"，在一定范围内已初见成效。尤其是国内财税企业转型已主要聚焦于搭建财务共享中心，但相关优势并未辐射到中小企业。我国中小企业占企业总量的比例超过九成，是国民经济的重要组成部分，中小企业不仅提供了大量的就业岗位，而且拉动了中国经济的发展，因此需要给中小企业提供更多的财税服务。值得一提的是，大部分中小企业都存在资金不足和信息化程度不高的问题，使中小企业业务流程与实际应用脱节，也就是出现"信息孤岛"问题，应用 RPA 技术，可以低成本且快速地连接中小企业开展业务过程中各个独立的信息系统。

（资料来源：RPA 中国，有删减）

课后练习

操作题

开发一个股票信息维护机器人，使其能够自动登录同花顺个股网页，采集当日股票数据，包括最高价、成交量、换手率和市盈率等信息，写入指定的 Excel 表，如图 8-31 所示。

贵州茅台 600519	1788.00 ▼ -30.00 -1.65%		
涨停: 1999.80 跌停: 1636.20	今开: 1810.11 最高: 1810.19 最低: 1782.18 昨收: 1818.00	成交量: 246.35万 成交额: 44.16亿 总市值: 22460.8亿 流通市值: 22460.8亿	振幅: 1.54% 换手: 0.20% 市净率: 10.87 市盈率(动): 37.94

2023年2月26日 10:23:10

	日期	股票代码	股票名称	现价	最高价	成交量	换手率	市盈率
		300319	麦捷科技					
		600519	贵州茅台					
		600525	长园集团					
		000858	五粮液					
		002013	中航机电					
		603885	吉祥航空					
		600789	鲁抗医药					
		300024	机器人					
		002100	天康生物					

图 8-31　股票信息维护机器人操作数据示例

RPA 在资金管理中的应用： 银企对账机器人

- 知识目标
  1. 掌握银企对账机器人可行性分析的方法
  2. 掌握银企对账机器人流程设计与程序开发的方法
- 能力目标
  1. 能梳理银企对账的业务流程，设计银企对账流程图，确保在开发之前找到并清除潜在的问题。
  2. 能开发 RPA 银企对账机器人，自动核对银行对账单与企业银行存款日记账，记录未达账项，并自动编制银行存款余额表。
  3. 能及时监控机器人运行，自动对账，如遇到失败情况，确保可以复核程序，查找原因，形成分析报告和提出修改建议。
- 素养目标
  1. 具备财务流程自动化设计思维能力
  2. 熟悉财经法律、法规和国家会计制度，具备良好的学习能力和系统运营维护能力
  3. 遵循诚信、客观、尽职、行为合规的职业道德

在企业的资金管理过程中，资产录入、对账、纳税申报、退货检查、保证系统数据的完整性是每个财务人员都要面对的工作。这些烦琐的工作可以利用 RPA 机器人高效完成，比如 RPA 机器人能够根据资金管理设定的资金划线自动执行资金归集、资金计划信息采集与处理；在汇款过程中，RPA 机器人能够进行收款与付款的自动化处理；在银企对账业务中，RPA 机器人能够取得银行流水、银行财务账数据，进行银行账和财务账的核对，自动出具银行存款余额调节表等。下面以银企对账机器人为例，深入理解 RPA 机器人在资金管理中的应用。

任务一 银企对账机器人流程梳理

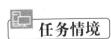 **任务情境**

航远公司往来业务量比较大，公司银行账户也比较多，出纳小王每月对账都要花费不少时间，定期要编制银行存款余额调节表。

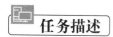 **任务描述**

为了减轻小王的工作量，公司 RPA 部门要帮助他开发一个银企对账机器人。请帮助公司对银企对账机器人开发的需求、流程及可行性进行分析。

知识要点

企业的往来结算业务，大部分通过银行进行办理，为了正确掌握企业银行存款的实有数，需要定期将企业银行存款日记账的记录与银行转来的对账单进行核对，每月至少要核对一次，如二者不符，应查明原因，予以调整。企业银行存款日记账按时间的先后顺序记录了引起银行存款增减变动的每一笔经济业务，银行转给企业的对账单列示了从上次对账到本次对账之间银行对引起企业银行存款增减变动的经济业务所作的全部记录。一般情况下，二者是能够核对相符的，但也有核对不符的情况。

造成不符的原因有两个：一是企业和银行存在一方或双方同时记账错误，如银行将企业支票存款串户记账，或者银行、企业记账时发生数字错误，如将数字 501 元记为 510 元等；二是存在未达账项。

未达账项是指由于企业间的交易采用的结算方式涉及的收付款结算凭证在企业和银行之间的传递上存在着时间的先后差别，造成一方已收到凭证并已入账，而另一方尚未收到凭证仍未入账的款项。很显然，未达账项会使银行对账单上的存款余额同企业银行存款日记账的余额不一致。

未达账项归纳起来，一般有以下四种情况。

第一，企业已收款记账，而银行尚未收款记账。如企业将收到的转账支票存入银行，但银行尚未转账。

第二，企业已付款记账，而银行尚未付款记账。如企业开出支票并已根据支票存根记账，而持票人尚未到银行取款或转账。

第三，银行已收款记账，而企业尚未收款记账。如托收货款，银行已经入账，而企业尚未收到收款通知。

第四，银行已付款记账，而企业尚未付款记账。如借款利息，银行已经入账，而企业尚未收到付款通知。

上述第一种和第四种情况会使得企业银行存款日记账余额大于银行对账单存款余额，第二种和第三种情况会使得企业银行存款日记账余额小于银行对账单存款余额。

如上所述，由于记账错误和未达账项的存在，银行存款日记账的余额与银行对账单的余额不相等。此时，银行存款日记账的余额与银行对账单的余额有可能都不能代表企业银行存款的实有数。为了掌握企业银行存款的实有数，企业在收到银行转来的对账单以后，要仔细将企业银行存款日记账的记录与对账单的记录进行核对，判明企业和银行双方是否有记账错误，同时确定出所有的未达账项。经过上述工作以后，可以通过编制银行存款余额调节表的方法来确定企业银行存款的实有数。

任务实施

一、需求整理与流程分析

1. 需求分析

企业各类收支项目繁多，收付款业务频繁，通过对银行对账单、银行存款日记账核对规则的梳理，发现明确的规则，调整和完善核对流程，设计自动化处理流程，提高银行企业对账的工作效率。

人工编制银行存款余额调节表，银行存款余额调节表的编制方法一般是在双方账面余额的基础上，分别补记对方已记而本方未记账的账项金额，然后验证调节后的双方账目是否相符。银行存款余额调节表的编制方法有 3 种，其计算公式如下：

（1）企业账面存款余额=企业账面银行存款余额-银行已付而企业未付账项+银行已收而企业未收账项

（2）银行对账单调节后的存款余额=银行对账单存款余额-企业已付而银行未付账项+企业已收而银行未收账项

（3）银行对账单存款余额+企业已收而银行未收账项-企业已付而银行未付账项=企业账面银行存款余额+银行已收而企业未收账项 - 银行已付而企业未付账项账

通过核对调节，“银行存款余额调节表”上的双方余额相等，一般可以说明双方记账没有差错。如果经调节仍不相等，要么是未达账项未全部查出，要么是一方或双方记账出现差错，需要进一步采用对账方法查明原因，加以更正。

出纳小王从财务软件中导出银行存款日记账，再从网银系统导出对应银行对账单，银行存款日记账与银行对账单相互核对后，将未匹配的金额标上颜色。然后编制银行存款余额调节表，填入期初余额、未达账项调整金额、期末金额等。银行对账单如图 9-1 所示。

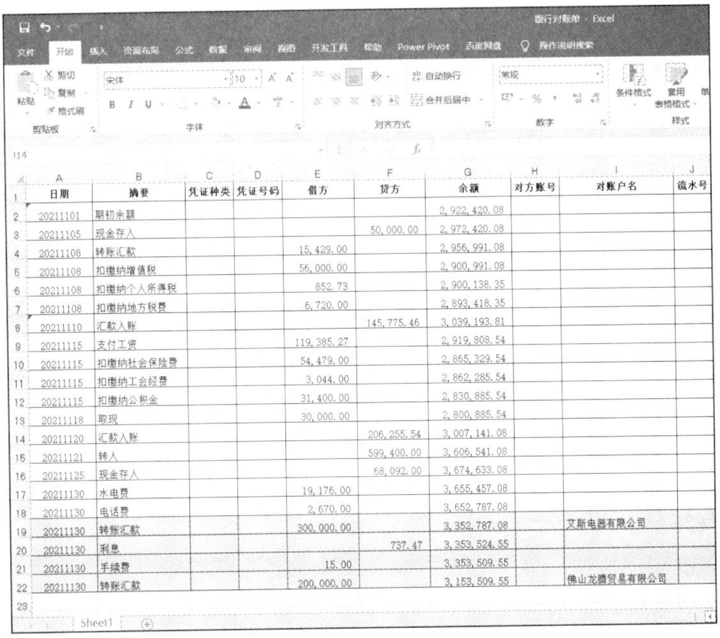

日期	摘要	凭证种类	凭证号码	借方	贷方	余额	对方账号	对账户名	流水号
20211101	期初余额					2,922,420.08			
20211105	现金存入				50,000.00	2,972,420.08			
20211108	转账汇款			15,429.00		2,956,991.08			
20211108	扣缴纳增值税			56,000.00		2,900,991.08			
20211108	扣缴纳个人所得税			852.73		2,900,138.35			
20211108	扣缴纳地方税费			6,720.00		2,893,418.35			
20211110	汇款入账				145,775.46	3,039,193.81			
20211115	支付工资			119,385.27		2,919,808.54			
20211115	扣缴纳社会保险费			54,479.00		2,865,329.54			
20211115	扣缴纳工会经费			3,044.00		2,862,285.54			
20211115	扣缴纳公积金			31,400.00		2,830,885.54			
20211118	取现			30,000.00		2,800,885.54			
20211120	汇款入账				206,255.54	3,007,141.08			
20211121	转入				599,400.00	3,606,541.08			
20211125	现金存入				68,092.00	3,674,633.08			
20211130	水电费			19,176.00		3,655,457.08			
20211130	电话费			2,670.00		3,652,787.08			
20211130	转账汇款			300,000.00		3,352,787.08		艾斯电器有限公司	
20211130	利息				737.47	3,353,524.55			
20211130	手续费			15.00		3,353,509.55			
20211130	转账汇款			200,000.00		3,153,509.55		佛山龙腾贸易有限公司	

图 9-1 银行对账单

银行存款日记账如图 9-2 所示。

明细科目 币别	日期	凭证字号	摘要	对方科目	业务编号	借方金额	贷方金额	余额方向	余额
明细科目：（1002	20211101		期初余额					借	2,922,420.08
明细科目：（1002	20211105	记-4	存现	库存现金		50,000.00		借	2,972,420.08
明细科目：（1002	20211108	记-8	支付货款	应付账款 － 艾斯电器有限公司			15,429.00	借	2,956,991.08
明细科目：（1002	20211108	记-9	缴纳增值税	应交税费 － 未交增值税			56,000.00	借	2,900,991.08
明细科目：（1002	20211108	记-10	缴纳个人所得税	应交税费 － 应交个人所得税			852.73	借	2,900,138.35
明细科目：（1002	20211108	记-11	缴纳地方税费	应交税费 － 城市维护建设税			6,720.00	借	2,893,418.35
明细科目：（1002	20211110	记-14	销售汇总	主营业务收入 － 饮料酒水		145,775.46		借	3,039,193.81
明细科目：（1002	20211115	记-28	支付工资	应付职工薪酬 － 短期薪酬（工资）			119,385.27	借	2,919,808.54
明细科目：（1002	20211115	记-29	缴纳社会保险费	应付职工薪酬 － 短期薪酬（医疗保险）			54,479.00	借	2,865,329.54
明细科目：（1002	20211115	记-30	缴纳工会经费	应付职工薪酬 － 工会经费			3,044.00	借	2,862,285.54
明细科目：（1002	20211115	记-31	缴纳公积金	应付职工薪酬 － 短期薪酬（住房公积金）			31,400.00	借	2,830,885.54
明细科目：（1002	20211118	记-33	取现	库存现金			30,000.00	借	2,800,885.54
明细科目：（1002	20211120	记-34	销售汇总	主营业务收入 － 饮料酒水		206,255.54		借	3,007,141.08
明细科目：（1002	20211125	记-49	存现	库存现金		68,092.00		借	3,075,233.08
明细科目：（1002	20211130	记-57	销售汇总（23号已	主营业务收入 － 饮料酒水		99,884.07		借	3,175,117.15
明细科目：（1002	20211130	记-69	水电费	管理费用 － 水电费			19,176.00	借	3,155,941.15
明细科目：（1002	20211130	记-70	电话费	管理费用 － 电话费			2,670.00	借	3,153,271.15
明细科目：（1002	20211130	记-85	其他货币资金转入	其他货币资金 － 支付宝		599,400.00		借	3,752,671.15
明细科目：（1002	20211130	记-86	支付货款	应付账款 － 艾斯电器有限公司			300,015.00	借	3,452,656.15

图 9–2 银行存款日记账

人工编制的银行存款余额调节表如图 9-3 所示。

银行存款余额调节表

银行名称：交通银行　　银行账号：6227 55011254 046　　日期：20211130

日期	摘要	金额	日期	摘要	金额
银行存款日记账余额		3,452,656.15	银行对账单余额		3,153,509.55
加：银行已收，企业未收		737.47	加：企业已收，银行未收		99,884.07
20211130	利息	737.47	20211130	销售汇总（23号已开票	99,884.07
减：银行已付，企业未付		500,015.00	减：企业已付，银行未付		300,015.00
20211130	转账汇款	300,000.00	20211130	支付货款	300,015.00
20211130	手续费	15.00			
20211130	转账汇款	200,000.00			
调节后余额		2,953,378.62	调节后余额		2,953,378.62

图 9–3 银行存款余额调节表

2. RPA 流程分析

银企对账要求按照银行账户逐个进行对账，需要大量手工作业，数据处理过程庞杂而且精度要求高，执行的频率很高，无须人为进行主观判断，非常适合用 RPA 技术来实现业务流程的自动化。人工流程与 RPA 流程对比如表 9-1 所示。

表 9-1   人工流程与 RPA 流程对比

人工流程	RPA 流程
（1）登录网银平台	（1）打开浏览器，自动登录网银平台
（2）下载银行对账单	（2）自动下载银行对账单
（3）登录财务共享中心（或 ERP 系统）	（3）自动登录财务共享中心（或 ERP 系统）
（4）下载银行存款日记账	（4）自动下载银行存款日记账
（5）手工根据工作经验对账	（5）自动对账
（6）手工生成银行存款余额调节表	（6）自动生成银行存款余额调节表
（7）重复上述步骤直至所有账户循环完毕	（7）自动重复上述步骤直至所有账户循环完毕

二、可行性分析

在完成了需求整理和流程分析之后，要进行可行性分析，目的是尽可能地在开发之前找出障碍并清除。可行性分析表如表 9-2 所示。

表 9-2   可行性分析表

问题	分析结果
通过 RPA 如何对账	导入 pandas 表达式实现
未达账项如何自动分出四类	通过［筛选表格］控件实现
银行存款余额调节表如何填写	RPA 自动写入表格文件

任务二　银企对账机器人开发与应用

任务情境

每当有大量对账业务时，航远公司出纳员小王需要手工核对账目，编制银行存款余额调节表，人工操作耗时长且效率低，而 RPA 机器人可以 24 小时不停工作，也不会随着工作时长的增加产生疲劳的现象，相比人力，RPA 机器人更适合处理这种简单又重复的工作。

任务描述

传统的银企对账，需要按照银行账户逐个进行。每多一个账户，就要多重复一次对账操作，单纯依赖人工对账核算，不仅效率低，而且存在一定的疏漏风险。RPA 机器人能够根据从网银系统获取的银行对账单信息，从财务核算系统获取的账务数据，自动执行对账操作，再将结果记录至银行存款余额调节表，重复所有的操作直至所有账户循环完毕，极大提高了银企对账工作的效率。请帮助航远公司 RPA 部门开发一个银企对账机器人。

RPA 操作控件

1. getTableRows – ［获取表格行数］控件

［获取表格行数］控件的作用是获取指定表格对象(DataFrame)的行数，并将其赋值给变量。［获取表格行数］控件的属性设置如图 9-4 所示。"表格对象"是 DataFrame 表格类型变量，必填；"表格行数"返回的是 DataFrame 表格数据的行数。

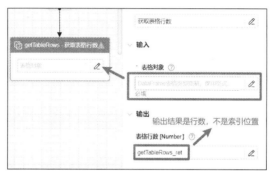

图 9–4 ［获取表格行数］控件的属性设置

2. pandas.query – ［筛选表格］控件

［筛选表格］控件的作用是根据指定的表格，按条件筛选行，按要求获取表格中指定列的数据，并形成一个新的表格，将其值赋给变量，以供脚本中其他控件使用。［筛选表格］控件的属性设置如图 9-5 所示。"表格对象"处引用原表格的变量，是 DataFrame 表格类型变量；"新的表格"处输入变量名，代表筛选后的新表格；"筛选表达式"处输入筛选条件，输入时无须添加双引号；"指定列名称"处输入要保留的指定列的名称。

> **注意**
>
> 筛选后形成新的表格，原表格仍然存在。

图 9–5 ［筛选表格］控件的属性设置

任务实施

一、流程设计

根据以上任务情境，要完成工作任务，模拟人工操作，RPA 流程如图 9-6 所示。

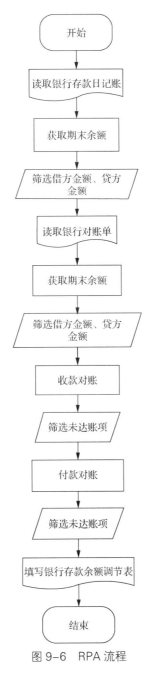

图 9-6　RPA 流程

根据 RPA 流程图，业务流程步骤如表 9-3 所示。

表 9-3 业务流程步骤

序号	步骤	活动	注意事项
1	读取银行存款日记账、银行对账单、银行存款余额调节表	［消息窗口］ ［选择文件/目录框］	
2	读取银行对账单，获取期末余额，筛选借方金额、贷方金额	［读取 Excel 表格］ ［获取表格行数］ ［运行 python 表达式］ ［筛选表格］	Excel 基本三流程
3	收款对账，筛选未达账项	［读取 Excel 表格］ ［获取表格行数］ ［运行 python 表达式］ ［筛选表格］	导入 pandas 模块
4	付款对账，筛选未达账项	［运行 python 表达式］ ［筛选表格］	导入 pandas 模块
5	填写银行存款余额调节表	［结束 Excel 进程］ ［打开 Excel 文件］ ［写入单元格］ ［写入范围单元格］ ［保存工作簿］ ［关闭工作簿］	Excel 基本三流程 写入特定的单元格
6	提示用户完成	［消息窗口］	

二、操作过程

（1）新建脚本并命名为"银企对账机器人"。在控件面板中搜索［消息窗口］控件添加至"开始" ▶ 的下方，并在其属性面板中设置"消息框内容"为"请选择银行存款日记账文件。"（见图 9-7）。在控件面板中搜索［选择文件/目录框］控件添加至［消息窗口］控件下方，并在其属性面板中设置参数内容。具体设置如下："对话框类型"下拉列表框中选择 file；"文件或目录名称"处设置变量"file_rjz"，如图 9-7 所示。

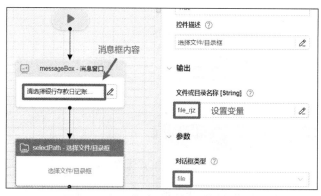

图 9-7 设置用户选择银行存款日记账

　　在控件面板内搜索［消息窗口］控件添加至［选择文件/目录框］控件下方，并在其属性面板中设置"消息框内容"为"请选择银行对账单文件。"（见图9-8）。在控件面板内搜索［选择文件/目录框］控件添加至［消息窗口］控件下方，并在其属性面板中设置参数内容。具体设置如下："对话框类型"处选择 file；"文件或目录名称"处设置变量"file_dzd"，如图 9-8 所示。

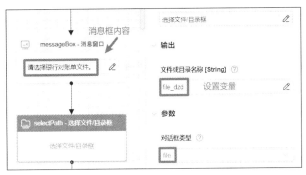

图9-8　设置用户选择银行对账单

　　在控件面板内搜索［消息窗口］控件添加至［选择文件/目录框］控件下方，并在其属性面板中设置"消息框内容"为"请选择银行存款余额调节表文件。"（见图9-9）。在控件面板内搜索［选择文件/目录框］控件添加至［消息窗口］控件下方，并在其属性面板中设置参数内容。具体设置如下："对话框类型"选择 file；"文件或目录名称"处设置变量"file_tjb"，如图 9-9 所示。

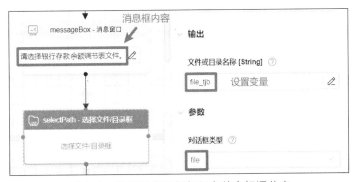

图9-9　设置用户选择银行存款余额调节表

　　（2）在控件面板内搜索［功能块］控件添加至［选择文件/目录框］控件下方，并在其属性面板中设置"语句块名称"为"读取银行存款日记账、获取期末余额，筛选借方金额、贷方金额"，如图9-10所示。

图9-10　设置银行存款日记账功能块

双击 [功能块] 对控件进行编辑。在控件面板中搜索 [读取 Excel 到表格] 控件添加至开始的下方，并在其属性面板中设置参数内容。具体设置如下："Excel 文件路径"处引用变量"@{file_rjz}"；"表格对象"处设置变量"df_rjz"，如图 9-11 所示。

图 9-11　读取 Excel 到表格 (1)

在控件面板内搜索 [获取表格行数] 控件，添加至 [读取 Excel 到表格] 控件下方，并在其属性面板中设置参数内容。具体设置如下："表格对象"处引用变量@"{df_rjz}"；"表格行数"处设置变量"row_num"，表示将获取到的表格行数放入此变量中，如图 9-12 所示。

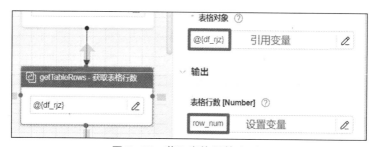

图 9-12　获取表格行数 (1)

在控件面板内搜索 [运行 python 表达式] 控件，添加至 [获取表格行数] 控件下方，并在其属性面板中设置参数内容。具体设置如下："表达式"处设置为"df_rjz.iloc[row_num-1,9]"；"执行结果"处设置变量"balance_rjz"，表示将获取的银行存款日记账的余额放到此变量中，如图 9-13 所示。

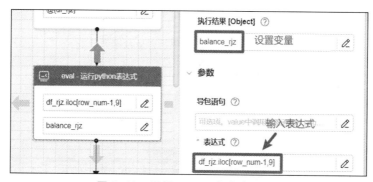

图 9-13　运行 python 表达式 (1)

在控件面板内搜索 [筛选表格] 控件添加至 [运行 python 表达式] 控件下方，并在其属性面板中设置参数内容。具体设置如下："表格对象"处引用变量"@{df_rjz}"；"筛选表达式"处输入表达式"借方金额>0"，表示筛选出借方金额大于 0 的项目；"指定列名称"处输入"［"日期"，" 摘要"，"借方金额"］"；"新的表格"处设置变量"df_rjz_dr"，表示将日记账的日期、摘要和借方金额大于 0 的项目组成的新表格放到此变量中，如图 9-14 所示。

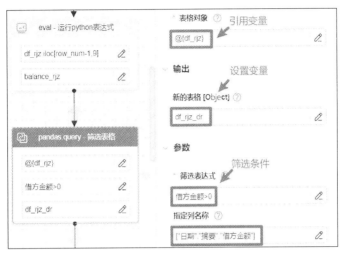

图 9-14　筛选表格（1）

在控件面板内搜索［筛选表格］控件，添加至［筛选表格］控件下方，并在其属性面板中设置参数内容。具体设置如下："表格对象"处引用变量"@{df_rjz}"；"筛选表达式"处输入表达式"贷方金额>0"；"指定列名称"处输入"［"日期"，"摘要"，"贷方金额"］"；"新的表格"处设置变量"df_rjz_cr"，表示将日记账的日期、摘要和贷方金额大于 0 的项目组成的新表格放到此变量中，如图 9-15 所示。

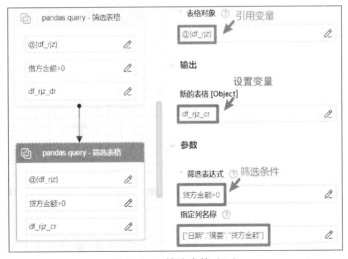

图 9-15　筛选表格（2）

（3）回到 Main 脚本，在控件面板内搜索［功能块］控件，添加至银行存款日记账［功能块］控件下方，并在其属性面板中设置参数内容。具体设置如下："语句块名称"处输入"读取银行对账单、获取期末余额，筛选借方金额、贷方金额"，如图 9-16 所示。

图 9-16　设置银行对账单功能块

双击［功能块］对控件进行编辑，在控件面板中搜索［读取 Excel 到表格］控件添加至"开始" ▸ 的下方，并在其属性面板中设置参数内容。具体设置如下："Excel 文件路径"处引用变量"@{file_dzd}"；"表格对象"处设置变量"df_dzd"，如图 9-17 所示。

图 9-17　读取 Excel 到表格（2）

在控件面板内搜索［获取表格行数］控件，添加至［读取 Excel 到表格］控件下方，并在其属性面板中设置参数内容。具体设置如下："表格对象"处引用变量"@{df_dzd}"；"表格行数"处设置变量"row_num"，如图 9-18 所示。

图 9-18　获取表格行数（2）

在控件面板内搜索［运行 python 表达式］控件，添加至［获取表格行数］控件下方，并在其属性面板中设置参数内容。具体设置如下："表达式"处设置为"df_dzd.iloc[row_num-1,6]"；"执行结果"处设置变量"balance_dzd"，表示将获取的对账单的余额放到此变量中，如图 9-19 所示。

图 9-19　运行 python 表达式（2）

在控件面板内搜索［筛选表格］控件，添加至［运行python表达式］控件下方，并在其属性面板中设置参数内容。具体设置如下："表格对象"处引用变量"@{df_dzd}"；"筛选表达式"处输入表达式"借方>0"；"指定列名称"处输入"［"日期"，"摘要"，"借方"］"；"新的表格"处设置变量"df_dzd_dr"，如图9-20所示。

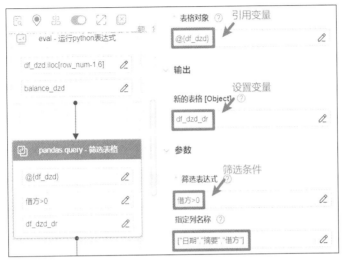

图9-20　筛选表格（3）

在控件面板内搜索［筛选表格］控件，添加至［筛选表格］控件下方，并在其属性面板中设置参数内容。具体设置如下："表格对象"处引用变量"@{df_dzd}"；"筛选表达式"设置为"贷方>0"；"指定列名称"处输入"［"日期"，"摘要"，"贷方"］"；"新的表格"处设置变量"df_dzd_cr"，如图9-21所示。

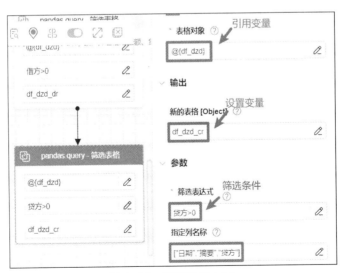

图9-21　筛选表格（4）

（4）回到 Main 脚本，在控件面板内搜索［功能块］控件，添加至银行对账单［功能块］控件下方，并在其属性面板中设置"语句块名称"为"收款对账，筛选未达账项"，如图9-22所示。

图 9-22　设置收款对账功能块

双击［功能块］对控件进行编辑，在控件面板中搜索［运行 python 表达式］添加至开始的下方，并在其属性面板中设置参数内容。具体设置如下："表达式"处设置为"pandas.merge(df_rjz_dr, df_dzd_cr, left_on=" 借方金额 ", right_on=" 贷方 ", how=" outer ").fillna(0)"；"导包语句"处设置为"import pandas"；"执行结果"处设置变量"df_hz_In"，表示将日记账借方有余额的表与对账单贷方有余额的表合并成的新表放到此变量中，如图 9-23 所示。

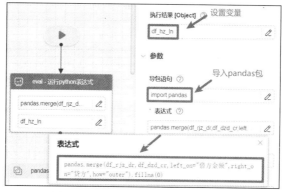

图 9-23　运行 python 表达式（3）

在控件面板内搜索［筛选表格］控件，添加至［运行 python 表达式］控件下方，并在其属性面板中设置参数内容。具体设置如下："表格对象"处引用变量"@{df_hz_In}"；"筛选表达式"处设置为"借方金额==0"；"指定列名称"处设置为"［"日期_y"，"摘要_y"，"贷方"］"；"新的表格"处设置变量"df_Co_Not_In"，表示筛选出银行已收但企业未收的项目放到此变量中，如图 9-24 所示。

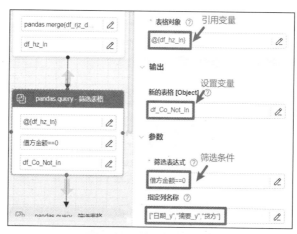

图 9-24　筛选表格（5）

在控件面板内搜索［筛选表格］控件，添加至［筛选表格］控件下方，并在其属性面板中设置参数内容。具体设置如下："表格对象"处引用变量"@{df_hz_In}"；"筛选表达式"处设置为"贷方==0"；"指定列名称"处设置为"［"日期_x"，"摘要_x"，"借方金额"］"；"新的表格"处设置变量"df_Bank_Not_In"，表示筛选出企业已收但银行未收的项目放到此变量中，如图9-25所示。

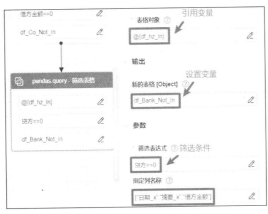

图 9-25　筛选表格（6）

（5）回到 Main 脚本，在控件面板内搜索［功能块］控件添加至收款对账［功能块］控件下方，并在其属性面板中设置"语句块名称"为"付款对账，筛选未达账项"，如图9-26所示。

图 9-26　设置付款对账功能块

双击［功能块］对控件进行编辑，在控件面板中搜索［运行 python 表达式］添加至开始的下方，并在其属性面板中设置参数内容。具体设置如下："表达式"处设置为"pandas.merge(df_rjz_cr, df_dzd_dr, left_on="贷方金额", right_on="借方", how="outer").fillna(0)"；"导包语句"处设置为"import pandas"；"执行结果"处设置变量"df_hz_Out"，如图9-27所示。

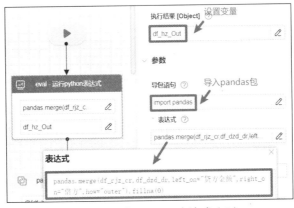

图 9-27　运行 python 表达式（4）

在控件面板内搜索［筛选表格］控件添加至［运行 python 表达式］控件下方，并在其属性面板中设置参数内容。具体设置如下："表格对象"处引用变量"@{df_hz_Out}"；"筛选表达式"处设置为"贷方金额==0"；"指定列名称"处设置为"［"日期_y"，"摘要_y"，"借方"］"；"新的表格"处设置变量"df_Co_Not_Out"，表示筛选出银行已付但企业未付的项目放到此变量中，如图 9-28 所示。

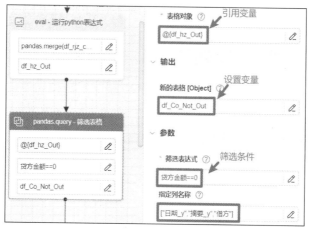

图 9-28　筛选表格（7）

在控件面板内搜索［筛选表格］控件，添加至［筛选表格］控件下方，并在其属性面板中设置参数内容。具体设置如下："表格对象"处引用变量"@{df_hz_Out}"；"筛选表达式"处输入表达式"借方==0"；"指定列名称"处输入"［"日期_x"，"摘要_x"，"贷方金额"］"；"新的表格"处设置变量"df_Bank_Not_Out"，表示筛选出企业已付但银行未付的项目放到此变量中，如图 9-29 所示。

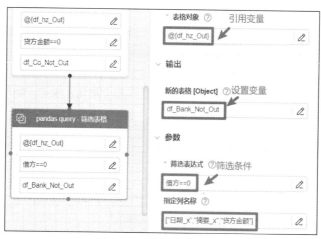

图 9-29　筛选表格（8）

（6）回到 Main 脚本，在控件面板内搜索［功能块］控件添加至付款对账［功能块］控件下方，并在其属性面板中设置参数内容。具体设置如下："语句块名称"处输入"填写银行存款余额调节表"，如图 9-30 所示。

图 9-30　设置银行存款余额调节表功能块

　　双击［功能块］对控件进行编辑，在控件面板中搜索［结束 Excel 进程］控件添加至开始的下方，在控件面板中搜索［打开 Excel 文件］控件，添加至［结束 Excel 进程］控件的下方，并在其属性面板中设置参数内容。具体设置如下："Excel 文件路径"处引用变量"@{file_tjb}"；"Excel 文件对象别名"处输入变量名"Excel"；"软件类型"下拉列表框中选择 Excel 类型，如图 9-31 所示。

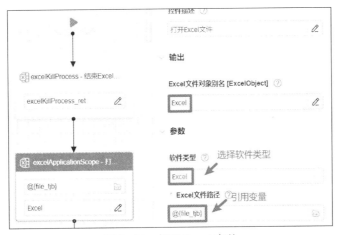

图 9-31　打开 Excel 文件

　　在控件面板中搜索［写入单元格］控件，添加至［打开 Excel 文件］控件下方，并在其属性面板中设置参数内容。具体设置如下："Excel 对象"下拉列表框中选择 Excel；"目标单元格"处输入"C4"；"写入内容"处引用变量"@{balance_rjz}"，表示写入日记账余额，如图 9-32 所示。

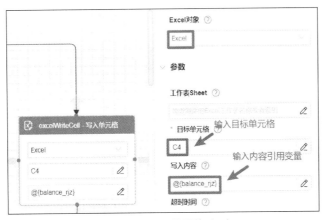

图 9-32　写入单元格（1）

在控件面板中搜索［写入单元格］控件，添加至［写入单元格］控件下方，并在其属性面板中设置参数内容。具体设置如下："Excel 对象"下拉列表框中选择 Excel；"目标单元格"处输入"F4"；"写入内容"处引用变量"@{balance_dzd}"，表示写入对账单余额，如图 9-33 所示。

图 9-33　写入单元格（2）

在控件面板内搜索［写入范围单元格］控件，添加至［写入单元格］控件下方，并在其属性面板中设置参数内容。具体设置如下："Excel 对象"下拉列表框中选择 Excel；"工作表 Sheet"处输入工作表名称"交行 046"；"写入内容"处引用变量"@{df_Co_Not_In.values.tolist()}"；"目标范围"处输入"A6:C14"，如图 9-34 所示。

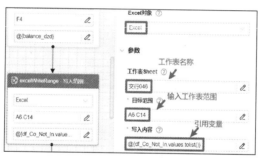

图 9-34　写入范围单元格（1）

在控件面板内搜索［写入范围单元格］控件，添加至［写入范围单元格］控件下方，并在其属性面板中设置参数内容。具体设置如下："Excel 对象"下拉列表框中选择 Excel；"工作表 Sheet"处输入工作表名称"交行 046"；"写入内容"处引用变量"@{df_Bank_Not_In.values.tolist()}"；"目标范围"处设置为"D6:F14"，如图 9-35 所示。

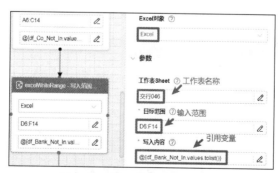

图 9-35　写入范围单元格（2）

在控件面板内搜索［写入范围单元格］控件，添加至［写入范围单元格］控件下方，并在其属性面板中设置参数内容。具体设置如下："Excel 对象"下拉列表框中选择 Excel；"工作表 Sheet"处输入工作表名称"交行 046"；"写入内容"处引用变量 "@{df_Co_Not_Out.values.tolist()}"；"目标范围"设置为 "A16:C25"，如图 9-36 所示。

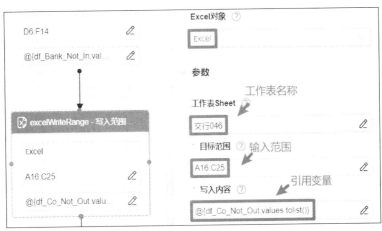

图 9-36　写入范围单元格（3）

在控件面板内搜索［写入范围单元格］控件，添加至［写入范围单元格］控件下方，并在其属性面板中设置参数内容。具体设置如下："Excel 对象"下拉列表框中选择 Excel；"工作表 Sheet"处输入工作表名称"交行 046"；"写入内容"处引用变量 "@{df_Bank_Not_Out.values.tolist()}"；"目标范围"处输入 "D16:F25"，如图 9-37 所示。

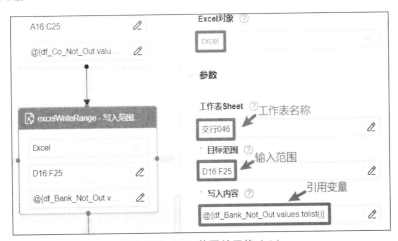

图 9-37　写入范围单元格（4）

在控件面板内搜索［保存工作簿］控件和［关闭工作簿］控件添加至［写入范围单元格］控件下方，并在其属性面板中设置"Excel 对象"均为 Excel，完成填写银行存款余额调节表模块的设置，如图 9-38 所示。

最后，回到 Main 脚本，在控件面板内搜索［消息窗口］控件添加至银行存款余额调节表［功能块］控件下方，并在其属性面板中设置"消息框内容"为"恭喜您，全部完成！"（见图 9-39）。

图 9-38 保存、关闭工作簿

图 9-39 消息窗口

（7）运行银企对账机器人，运行结果如图 9-40 所示。

	A	B	C	D	E	F
4	银行存款日记账余额		3,452,656.15	银行对账单余额		3,153,509.55
5	加:银行已收,企业未收		737.47	加:企业已收,银行未收		99,884.07
6	20211130	利息	737.47	20211130	销售汇总（23号已开票）	99,884.07
7						
8						
9						
10						
11						
12						
13						
14						
15	减:银行已付,企业未付		500,015.00	减:企业已付,银行未付		300,015.00
16	20211130	转账汇款	300,000.00	20211130	支付货款	300,015.00
17	20211130	手续费	15.00			
18	20211130	转账汇款	200,000.00			
19						
20						
21						
22						
23						
24						
25						
26	调节后余额		2,953,378.62	调节后余额		2,953,378.62

图 9-40 运行结果

📖 **前沿资讯**

财政部印发《会计信息化发展规划（2021—2025 年）》积极推动会计数字化转型

2022 年 1 月，财政部制定了《会计信息化发展规划（2021—2025 年）》（以下简称《规划》）。《规划》指出，"十四五"时期，我国会计信息化工作的总体目标是：服务我国经济社会发展大局和财政管理工作全局，以信息化支撑会计职能拓展为主线，以标准化为基础，以数字化为突破口，引导和规范我国会计信息化数据标准、管理制度、信息系统、人才建设等持续健康发展，积极推动会计数字化转型，构建符合新时代要求的国家会计信息化发展体系。具体包括：会计数据标准体系基本建立、会计信息化制度规范持续完善、会计数字化转型升级加快推进、会计数据价值得到有效发挥、会计监管信息实现互通共享、会计信息化人才队伍不断壮大。

同时，《规划》明确了 9 方面主要任务：一是加快建立会计数据标准体系，推动会计数据治理能力建设；二是制定会计信息化工作规范和软件功能规范，进一步完善配套制度机制；三是深入推动单位业财融合和会计职能拓展，加快推进单位会计工作数字化转型；四是加强函证数字化和注册会计师审计报告防伪等系统建设，积极推进审计工作数字化转型；五是优化整合各类会计管理服务平台，切实推动会计管理工作数字化转型；六是加速会计数据要素流通和利用，有效发挥会计信息在服务资源配置和宏观经济管理中的作用；七是探索建立共享平台和协同机制，推动会计监管信息的互通共享；八是健全安全管理制度和安全技术标准，加强会计信息安全和跨境会计信息监管；九是加强会计信息化人才培养，繁荣会计信息化理论研究。

（资料来源：人民网北京，2020 年 1 月 5 日电）

课后练习

操作题

在银企对账机器人的基础上，添加从指定邮箱中下载银行对账单及银行存款日记账的功能，使其能够将完成的银行存款余额调节表发送到指定邮箱。

RPA 在税务管理中的应用：发票开具机器人

- **知识目标**
  1. 掌握发票开具机器人可行性分析的方法
  2. 掌握发票开具机器人流程设计与程序开发的方法

- **能力目标**
  1. 能梳理开具发票的业务流程，设计发票开具的业务流程图，确保在开发之前找到并清除潜在的问题
  2. 能开发 RPA 发票开具机器人，根据发票类型，自动开具发票
  3. 能及时监控机器人运行，如遇到失败情况，确保可以复核程序，查找原因，形成分析报告和提出修改建议

- **素养目标**
  1. 具备良好的流程设计思维能力，归纳总结能力
  2. 具备良好的学习能力和实操能力
  3. 遵循诚实守信的职业道德，严谨求实的工作作风

任务一　发票开具机器人流程梳理

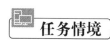 **任务情境**

　　航远公司财务人员小李每天都要登录供应链管理平台的订单管理模块，导出 Excel 格式的销售订单明细统计表和销售出库单，然后对数据进行核对，确保数据无误后按照专票、普票、无票三种类型整理成指定格式的开票信息表，如图 10-1 所示。完成上述流程后，小李还要打开开票软件，按照开票信息表的数据，将客户名称、商品名称、规格型号、单位、数量、单价、金额、税率等内容填写到恰当的位置，检查无误后，单击"确认"按钮保存，然后开具发票。整个过程中，小李不仅要对各种 Excel 表格完成大量的数据筛选、复制、粘贴操作，还要在开票软件中录入大量的发票信息，工作量大，且容易出错。

	A	B	C	D	E	F	G	H	I	J	K	L	M	N
1	销售出库单号	发票类型	申请日期	购买方名称	购买方识别号	地址、电话	开户行、账号	货物或应税劳务、服务名称	规格型号	单位	数量	单价	金额	税率
2	wzw20210615001	增值税专用发票	2020.8.1	北京市万顺商城有限公司	91110101089685	北京市东城区东城	中国建设银行北京	*酒*白威啤酒500ml*18听	500ml	箱	100.00	100.00	10000.00	13
3	wzw20210615002	增值税专用发票	2020.8.1	北京市万顺商城有限公司	91110101089685	北京市东城区东城	中国建设银行北京	*酒*白威啤酒500ml*18听	500ml	箱	200.00	100.00	20000.00	13
4	wzw20210615002	增值税专用发票	2020.8.1	北京市万顺商城有限公司	91110101089685	北京市东城区东城	中国建设银行北京	*酒*白威啤酒500ml*18听	500ml	箱	300.00	100.00	30000.00	13
5	wzw20210615002	增值税电子普通发票	2020.8.1	北京市万顺商城有限公司	91110101089685	北京市东城区东城	中国建设银行北京	*酒*白威啤酒500ml*18听	500ml	箱	400.00	100.00	40000.00	13
6	wzw20210615004	增值税普通发票	2020.8.1	北京市万顺商城有限公司	91110101089685	北京市东城区东城	中国建设银行北京	*酒*白威啤酒500ml*18听	500ml	箱	500.00	100.00	50000.00	13
7	wzw20210615005	增值税专用发票	2020.8.1	北京市万顺商城有限公司	91110101089685	北京市东城区东城	中国建设银行北京	*酒*1威啤酒500ml*18听	500ml	箱	10.00	100.00	1000.00	13
8	wzw20210615005	增值税专用发票	2020.8.1	北京市万顺商城有限公司	91110101089685	北京市东城区东城	中国建设银行北京	*酒*1威啤酒500ml*18听	500ml	箱	20.00	100.00	2000.00	13
9	wzw20210615005	增值税专用发票	2020.8.1	北京市万顺商城有限公司	91110101089685	北京市东城区东城	中国建设银行北京	*酒*1威啤酒500ml*18听	500ml	箱	30.00	100.00	3000.00	13
10	wzw20210615005	增值税专用发票	2020.8.1	北京市万顺商城有限公司	91110101089685	北京市东城区东城	中国建设银行北京	*酒*1威啤酒500ml*18听	500ml	箱	40.00	100.00	4000.00	13
11	wzw20210615005	增值税专用发票	2020.8.1	北京市万顺商城有限公司	91110101089685	北京市东城区东城	中国建设银行北京	*酒*1威啤酒500ml*18听	500ml	箱	50.00	100.00	5000.00	13
12	wzw20210615005	增值税专用发票	2020.8.1	北京市万顺商城有限公司	91110101089685	北京市东城区东城	中国建设银行北京	*酒*1威啤酒500ml*18听	500ml	箱	60.00	100.00	6000.00	13
13	wzw20210615005	增值税专用发票	2020.8.1	北京市万顺商城有限公司	91110101089685	北京市东城区东城	中国建设银行北京	*酒*1威啤酒500ml*18听	500ml	箱	70.00	100.00	7000.00	13
14	wzw20210615005	增值税专用发票	2020.8.1	北京市万顺商城有限公司	91110101089685	北京市东城区东城	中国建设银行北京	*酒*1威啤酒500ml*18听	500ml	箱	80.00	100.00	8000.00	13
15	wzw20210615005	增值税专用发票	2020.8.1	北京市万顺商城有限公司	91110101089685	北京市东城区东城	中国建设银行北京	*酒*1威啤酒500ml*18听	500ml	箱	90.00	100.00	9000.00	13

图 10-1 开票信息表

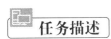

任务描述

航远公司财务部在发票开具业务上占用人力较多，工作繁杂，出错率高。实际上，发票开票业务的规则固定，无须人为确认，非常适合由 RPA 机器人完成。请结合航远公司的实际情况，分析开发发票开具机器人的需求、流程及可行性。

知识要点

企业财务工作注定绕不开税务这一重要环节。税务工作很大程度上需要人的经验和思考，但严格的合规性要求往往也带来大量重复性的工作，税务人员需要按照程式化、规则统一的命令执行操作。一个税务人员的日常工作涉及税务相关事务，包括申报、年检；管理增值税专用/普通发票的购买、领取、登记；编制税务、统计等对外报表；申请、报批公司有关税收优惠政策的手续；加强公司同税务、统计等部门的联络等。在税务流程中，税务人员手动执行业务，往往工作效率低下，出错率较高，耗费时间长。虽然可以通过信息系统进行操作，但也存在跨系统转录数据的需求。特别是面对诸如增值税专用发票填写和校验等工作时，企业往往还要想方设法解决烦琐的开票流程导致的人工输入效率低下、频繁出错以及反馈不及时等业务难题。单调重复的工作不仅耗费大量人力与时间，还制约着员工创造性的发挥，影响员工的工作积极性。

RPA 应用于税务领域，可针对税务的业务内容和流程特点，以自动化代替人工手动操作，完成大量重复、枯燥、单一的基础业务（如填写、核对税务数据等），提高税务处理效率和质量，降低合规风险。

◆ 发票识别验真：RPA 机器人能够自动识别各种格式的增值税发票信息，还具备对接其他类型票证识别能力。同时可将增值税发票提交到国税总局查验平台进行验证和认证，并反馈和记录结果。

◆ 增值税申报：RPA 机器人可自动处理大量数据信息，减轻员工工作量，降低人力成本，提高增值税申报效率，缩短申报时间，避免数据处理过程中的人为失误，合规性高。

◆ 纳税申报：RPA 机器人可一键生成税务申报表，自动校验申报数据，登录税务局网站快速准确地完成申报工作，降低报税的操作风险。RPA 机器人保障了税务数据准确性，降低人为失误导致的税务风险，减轻了报税人员的负担，提升了员工个人价值。

◆ 涉税账务处理：RPA 机器人可根据纳税、缴税信息，完成财务系统内部税务结转、缴税、递延所得税等分录的编制与输入，并发邮件提醒相关负责人。

 **任务实施**

一、需求整理与流程分析

1. 需求整理

财务人员开具发票时，需要从其他系统将开票信息手动复制到开票系统中，并反复校对。开完发票后还要将发票号回填，多系统操作过程烦琐，而且容易出错。一旦出现非标准流程的情况，比如已开发票交付客户后发现信息有误遭退票，后续的作废、冲红以及重新开具等信息要同步反馈到业务系统，程序就更为繁杂。当企业发展到一定规模，尤其是开展面向个体消费业务时，继续沿用这种模式，会导致开票量剧增，财务人员在月初、月末等业务高峰期难以及时、妥善地处理开票问题。在这种需要开具大量发票，并且开票程序规则确定的情况下，可以使用 RPA 来实现开票流程自动化处理。

2. RPA 流程分析

发票开具流程复制粘贴动作是重复的，每张发票的开具都需登录模拟开票平台填写数据，执行的频率很高，无须人为进行主观判断，非常适合用 RPA 技术来实现业务流程的自动化。人工流程与 RPA 流程对比如表 10-1 所示。

表 10-1　　　　　　　　　　　　　人工流程与 RPA 流程对比

人工流程	RPA 流程
（1）登录开票软件系统	（1）手动登录开票软件系统
（2）打开开票申请表文件，查阅开票信息	（2）使用［获取区域文本］控件读取开票申请表文件；使用字典的方法，根据出库单号码，将开票信息分成独立的模块内容
（3）单击选择发票的类型、单击确定进入开票界面	（3）使用［条件分支］控件判断发票的类型；使用［鼠标单击网页元素］控件模仿鼠标单击的动作
（4）搜索客户名称，双击选择	（4）使用［鼠标单击网页元素］控件模仿鼠标单击的动作；使用［在网页中输入文本］控件模仿键盘输入信息的动作
（5）根据行数，确定是否需要开具清单；如果需要，则开具发票清单	（5）使用［条件分支］控件确定是否开具清单；如果需要，使用［鼠标单击网页元素］控件模仿鼠标单击的动作
（6）单击增行，在发票界面或清单界面增加行数，并输入信息	（6）使用［鼠标单击网页元素］控件模仿鼠标单击的动作增加行数；使用［在网页中输入文本］控件模仿键盘输入信息的动作
（7）输入完毕，单击打印	（7）使用［鼠标单击网页元素］控件模仿鼠标单击的动作
（8）重复（1）～（7）的操作步骤	（8）重复（1）～（7）的操作步骤
	（9）提示全部完成

二、可行性分析

在完成了需求整理和流程分析之后，要进行可行性分析，目的是尽可能地在开发之前找出障碍并清除。可行性分析表如表 10-2 所示。

表 10-2　　　　　　　　　　　　　　　可行性分析表

问题	分析结果
如何打开开票软件	需要手动登录平台，找到发票开具系统，手动单击进入
如何在开票明细表中获取每一张发票的开票信息	根据开票明细表的信息，每一个出库单号码对应一张发票，应根据出库单号码，先将开票明细表中的信息独立区分
客户、商品信息怎么维护	暂时不予考虑，日后独立开发客户信息维护、商品信息维护机器人，进行基础信息的维护
如何确定发票的行数	根据每一个出库单信息的行数，确定增加发票或清单的行数
如何确定输入信息的行次	修改元素编辑器的参数，先从第一行开始，根据开票信息的行次，逐行增加

任务二　发票开具机器人开发与应用

任务情境

开具增值税发票是一项不可避免的繁杂工作，购买方的名称、纳税人识别号、电话、开户行及账号、货物或应税劳务、服务名称、规格型号、单位、数量、单价、金额、税率、税额、价税合计等内容稍有不慎填写错误，就会导致发票的退回，重新开具。公司每月有 1 000 份左右申请单，要完成大量发票的开具，人工操作需要 100 小时左右的时间。航远公司需要一个发票开具机器人，自动完成企业日常经营管理过程中的增值税发票开具业务。

任务描述

请帮航远公司开发一个发票开具机器人，使其能够自动读取开票信息、自动校验开票信息并完成开票操作，实现 Excel、网页的交互自动化，提高增值税发票开具的效率。

知识要点

完成本任务需要用到的相关控件及流程设计方法在前面的内容中已详细介绍过，这里不赘述。

任务实施

一、流程设计

根据以上任务情境，要完成工作任务，模拟人工操作，RPA 流程如图 10-2 所示。

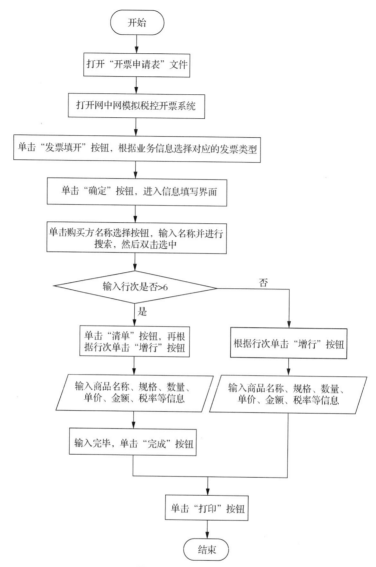

图 10-2　RPA 流程

根据 RPA 流程图，业务流程步骤如表 10-3 所示。

表 10-3　　　　　　　　　　　　业务流程步骤

序号	步骤	活动	注意事项
1	设置浏览器扩展程序，打开网中网模拟税控开票系统	［打开网页］	浏览器扩展程序的正确设置
2	读取开票明细内容	［消息窗口］ ［选择文件/目录框］ ［结束 Excel 进程］ ［打开 Excel 文件］ ［获取区域文本］ ［关闭工作簿］	选择开票文件 Excel 基本三流程 将发票明细信息读取并存放到变量中

续表

序号	步骤	活动	注意事项
3	将开票内容添加到字典中	［运行 python 表达式］ ［遍历/计次循环］ ［条件分支］ ［执行 python 语句］	注意字典（键值对）的用法
4	判断开票类型	［打开网页］ ［在网页中输入文本］ ［遍历/计次循环］ ［运行 python 表达式］ ［鼠标单击网页元素］	判断票据类型（分为增值税专用发票、增值税普通发票、增值税电子普通发票、其他 4 种）
5	根据开票申请单开票	［在网页中输入文本］ ［遍历/计次循环］ ［运行 python 表达式］ ［鼠标单击网页元素］ ［在网页中输入文本］ ［While 循环］	判断开票内容是否超过 6 行，如果超过，要根据行次单击增行，如果没有，直接开具发票
6	提示用户完成	［消息窗口］	

二、操作过程

（1）打开华为 WeAutomate 设计器，设置浏览器扩展程序。使用谷歌 Chrome 浏览器登录网中网模拟税控开票系统，如图 10-3 所示。

图 10-3　网中网模拟税控开票系统

（2）新建脚本，命名为"发票开具机器人"。在控件面板中搜索［功能块］控件，添加至"开始" ▶ 的下方，在其属性面板中设置"语句块名称"为"读取开票明细表的内容。"（见图 10-4）。

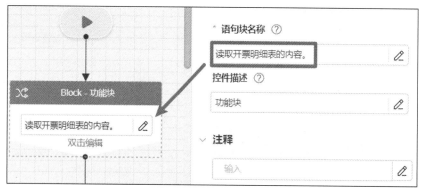

图 10-4　添加"读取开票明细表的内容。"［功能块］

双击［功能块］对控件进行编辑，在控件面板中搜索［消息窗口］控件添加至"读取开票明细表的内容。"［功能块］控件中"开始" ▶ 的下方，在其属性面板中设置"消息框内容"为"请选择开票申请明细表。"（见图 10-5）。

图 10-5　消息窗口（1）

在控件面板中搜索［选择文件/目录框］控件添加至［消息窗口］控件的下方，并在其属性面板中设置参数内容。具体设置如下："对话框类型"选择 file；"文件或目录名称"处设置变量"file"，如图 10-6 所示。

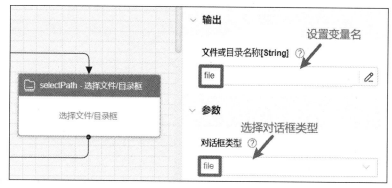

图 10-6　选择文件/目录框

在控件面板中搜索［结束 Excel 进程］控件添加至［选择文件/目录框］控件的下方，结束 Excel 进程，如图 10-7 所示。

图 10-7　结束 Excel 进程

在控件面板中搜索［打开 Excel 文件］控件添加至［结束 Excel 进程］控件下方，并在其属性面板中设置参数内容。具体设置如下："Excel 文件路径"处引用变量"@{file}"；"Excel 文件对象别名"处设置变量"Excel"；"软件类型"处选择 Excel，如图 10-8 所示。

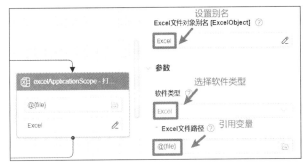

图 10-8　打开 Excel 文件

在控件面板中搜索［获取区域文本］控件，添加至［打开 Excel 文件］控件下方，并在其属性面板中设置参数内容。具体设置如下：在"Excel 对象"下拉列表框中选择 Excel；"文本内容"处设置变量"file_value"，表示将获取到的文本放入变量"file_value"中；在"工作表 Sheet"处输入工作表名"sheet1"；"单元格位置"是获取的文本区域，获取的范围尽可能写大一点，可以输入"A2:N100"；"格式化方法"处选择"skipLastEmpty,formatCell"，如图 10-9 所示。

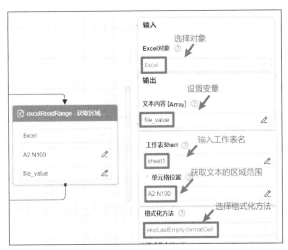

图 10-9　获取区域文本

在控件面板内搜索［关闭工作簿］控件添加至［获取区域文本］控件下方，并在其属性面板中设置"Excel 对象"为 Excel（见图 10-10），至此完成"读取开票明细表的内容。"［功能块］控件的设置。

图 10-10　关闭工作簿

（3）回到 Main 脚本，在控件面板中搜索［功能块］控件添加至"读取开票明细表的内容。"［功能块］控件的下方，并在其属性面板中设置"语句块名称"为"将开票内容添加到字典中。"（见图 10-11）。

图 10-11　添加"将开票内容添加到字典中。"［功能块］

双击"将开票内容添加到字典中。"［功能块］对控件进行编辑，在控件面板中搜索［运行 python 表达式］控件添加至"开始" ▶ 的下方，并在其属性面板中设置参数内容。具体设置如下："表达式"处输入"{}"，表示建立一个空字典；将这个空字典放入"执行结果"处，设置变量名为"dict1"，如图 10-12 所示。

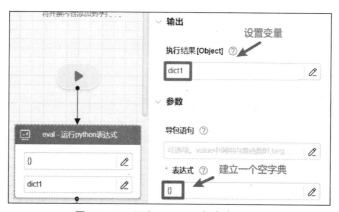

图 10-12　运行 python 表达式（1）

在控件面板中搜索［遍历/计次循环］控件添加至［运行 python 表达式］控件的下方，并在其属性面板中设置参数内容。具体设置如下："数据集合"处设置变量"file_value"；"条目名称"处设置变量"item"，表示遍历数据集合"file_value"中的每一个元素，如图 10-13 所示。

图 10-13　遍历/计次循环（1）

在控件面板中搜索［条件分支］控件添加至［遍历/计次循环］控件下方，并在其属性面板中设置参数内容。具体设置如下：在弹出的"创建连线"对话框中选择"进入循环体"选项，单击"确定"按钮。在"条件表达式"处输入判断条件"item[0] in dict1"，表示判断出库单号是否在字典中，如图 10-14 所示。

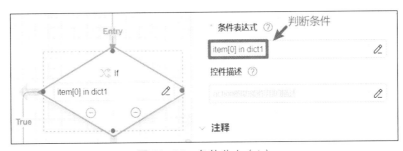

图 10-14　条件分支（1）

在控件面板中搜索［执行 python 语句］控件，添加至［条件分支］控件的下方，在弹出的"创建连线"对话框中选择"条件成立"选项，单击"确定"按钮，添加判断条件，如果条件成立，执行下面的程序，如图 10-15 所示。

图 10-15　创建连线（1）

在［执行 python 语句］控件属性面板中设置参数内容。具体设置如下：在"python 语句"处输入表达式"dict1[item[0]].append(item)"，表示如果一张出库单不止一条内容，每次循环将需要开票的内容逐一添加到字典中，如图 10-16 所示。

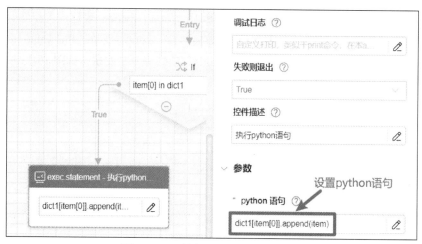

图 10-16　执行 python 语句（1）

在控件面板中搜索［执行 python 语句］控件，添加至［条件分支］控件的下方，在弹出的"创建连线"对话框中选择"退出条件判断"选项，单击"确定"按钮，如图 10-17 所示。

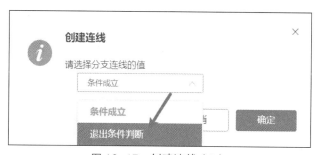

图 10-17　创建连线（2）

在其属性面板中设置参数内容。具体设置如下：在"python 语句"处输入表达式"dict1[item[0]]=[item]"，表示如果出库单只有一条内容，将其添加到字典中（见图 10-18）。至此完成"将开票内容添加到字典中。"［功能块］控件的设置。

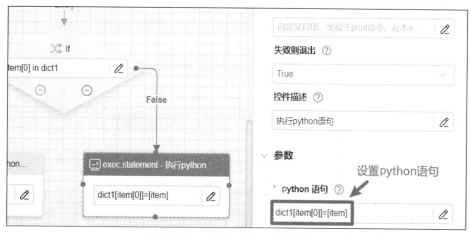

图 10-18　执行 python 语句（2）

（4）回到 Main 脚本，在控件面板中搜索［遍历/计次循环］控件添加至"读取开票明细表的内容。"［功能块］控件的下方，并在其属性面板中设置参数内容。具体设置如下："数据集合"内输入表达式"dict1.keys()"，表示获取字典内所有的键；"条目名称"处输入变量名称"key"，表示将每次遍历获取到的键，也就是出库单号放入变量"key"中，如图 10-19 所示。

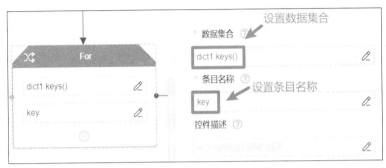

图 10-19　遍历/计次循环（2）

在控件面板中搜索［运行 python 表达式］控件添加至［遍历/计次循环］控件下方，在弹出的"创建连线"对话框中选择"进入循环体"选项，单击"确定"按钮。在［运行 python 表达式］控件属性面板中设置参数内容。具体设置如下："表达式"处输入"dict1[key][0][1]"，dict1[key]获取到的是一个列表嵌套，代表的是一个二维表格，dict1[key][0][1]表示获取表格第一行第二列的数据，也就是发票类型；"执行结果"处设置变量"invoice_type"，表示将获取到的发票类型放到此变量中，如图 10-20 所示。

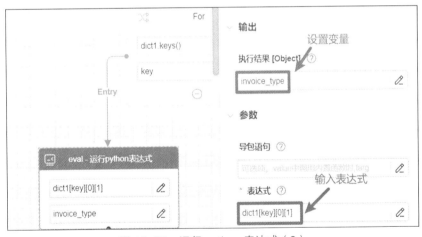

图 10-20　运行 python 表达式（2）

在控件面板中搜索［运行 python 表达式］控件添加至［运行 python 表达式］控件下方，并在其属性面板中设置参数内容。具体设置如下："表达式"处输入"len(dict1[key])"，表示确定发票的行数；"执行结果"处设置变量"invoice_row"，表示将获取到的发票行数放入变量"invoice_row"中，如图 10-21 所示。

（5）在控件面板中搜索［功能块］控件添加至［运行 python 表达式］控件下方，并在其属性面板中设置参数内容。具体设置如下："语句块名称"处输入"选择开票类型。"（见图 10-22）。

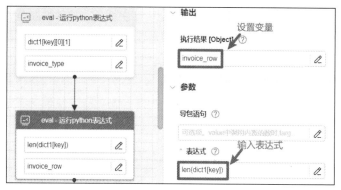

图 10-21　运行 python 表达式（3）

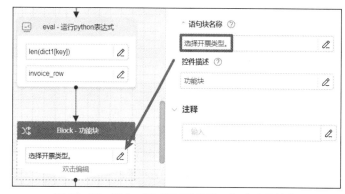

图 10-22　添加"选择开票类型。"［功能块］

　　将网中网模拟税控开票系统网页置于设计器下一层，回到设计器，双击"选择开票类型。"［功能块］对控件进行编辑，在控件面板中搜索［鼠标单击网页元素］控件添加至"开始"　▶　的下方，并在其属性面板中设置参数内容。具体设置如下：单击"目标元素"右侧的"拾取元素"图标⊕，在网中网模拟税控开票系统网页中选择"发票填开"按钮，等到"发票填开"按钮变成蓝色时，单击鼠标左键确认拾取范围，如图 10-23 所示。

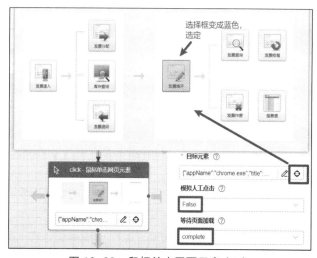

图 10-23　鼠标单击网页元素（1）

在控件面板中搜索［条件分支］控件添加至［鼠标单击网页元素］控件的下方，并在其属性面板中设置"条件表达式"为"invoice_type==" 增值税专用发票""，表示判断发票的类型是不是增值税专用发票，如果是，则单击"增值税专用发票填开"按钮，如图10-24所示。

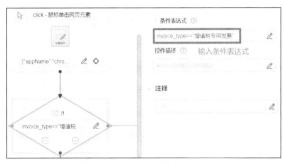

图10-24　条件分支（2）

在控件面板内搜索［鼠标单击网页元素］控件添加至［条件分支］控件的下方，在弹出的"创建连线"对话框中选择"条件成立"选项，单击"确定"按钮，如图10-25所示。

图10-25　创建连线（3）

打开网中网模拟税控开票系统网页，单击"发票填开"按钮，出现4种发票填开选项，回到设计器［鼠标单击网页元素］控件属性面板中设置参数内容。具体设置如下：单击"目标元素"右侧的"拾取元素"图标，在网中网模拟税控开票系统网页中选择"增值税专用发票填开"按钮，等到"增值税专用发票填开"按钮变成蓝色时，确认拾取范围，如图10-26所示。

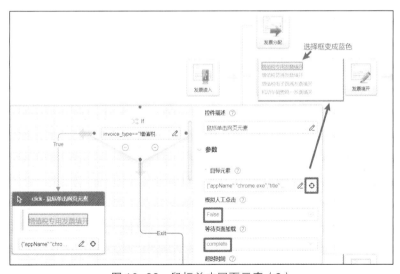

图10-26　鼠标单击网页元素（2）

在控件面板内搜索［条件分支］控件添加至［条件分支］控件的下方，弹出的"创建连线"对话框中选择"条件不成立"选项，单击"确定"按钮，如图 10-27 所示。

图 10-27　创建连线（4）

在［条件分支］控件属性面板中设置"条件表达式"为"invoice_type==" 增值税普通发票 ""，表示判断发票的类型是不是增值税普通发票，如果是，则单击"增值税普通发票填开"按钮，如图 10-28 所示。

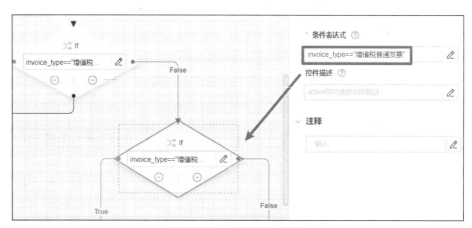

图 10-28　条件分支（3）

在控件面板内搜索［鼠标单击网页元素］控件添加至第二个［条件分支］控件（判断是否为增值税普通发票）的下方，弹出的"创建连线"对话框中选择"条件成立"选项，单击"确定"按钮，如图 10-29 所示。

图 10-29　创建连线（5）

在［鼠标单击网页元素］控件属性面板中设置参数内容。具体设置如下：单击"目标元素"右侧的"拾取元素"图标，在网中网模拟税控开票系统网页中选择"增值税普通发票填开"按钮，等到"增值税普通发票填开"按钮变成蓝色时，确认拾取范围，如图 10-30 所示。

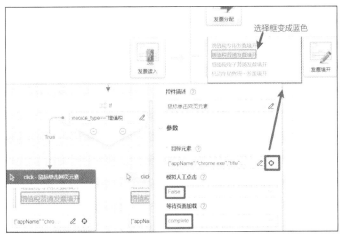

图 10-30　鼠标单击网页元素（3）

在控件面板内搜索［鼠标单击网页元素］控件添加至第二个［条件分支］控件（判断是否为增值税普通发票）的下方，弹出的"创建连线"对话框中选择"条件不成立"选项，单击"确定"按钮，如图 10-31 所示。

图 10-31　创建连线（6）

在［鼠标单击网页元素］控件属性面板中设置参数内容。具体设置如下："目标元素"处单击"拾取元素"图标✛，在网中网模拟税控开票系统网页中选择"增值税电子普通发票填开"按钮，等到"增值税电子普通发票填开"按钮变成蓝色时，单击确认，如图 10-32 所示。

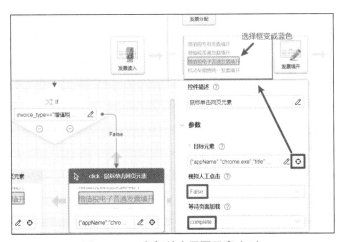

图 10-32　鼠标单击网页元素（4）

在控件面板内搜索［鼠标单击网页元素］控件添加至第一个［条件分支］控件（判断是否为增值税专用发票）的下方，弹出的"创建连线"对话框中选择"退出条件判断"选项，单击"确定"按钮，如图 10-33 所示。

图 10-33　创建连线（7）

在［鼠标单击网页元素］控件属性面板中设置参数内容。具体设置如下："目标元素"处单击"拾取元素"图标⊕，在网中网模拟税控开票系统网页中单击"增值税专用发票填开"（或任意一种发票类型填开），在弹出的"单据填开"窗口中选择"确定"按钮，待"确认"按钮变成蓝色时，单击确认，表示不论单击填开哪种类型的发票，都要单击"确定"按钮，如图 10-34 所示。

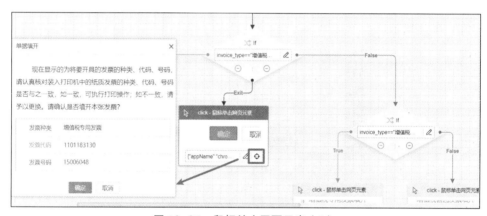

图 10-34　鼠标单击网页元素（5）

（6）回到 Main 脚本，在控件面板中搜索［功能块］控件添加至"选择开票类型。"［功能块］控件下方，并在其属性面板中设置参数内容。具体设置如下："语句块名称"处输入"选择客户名称。"（见图 10-35）。

图 10-35　添加"选择客户名称"［功能块］

打开网中网模拟税控开票系统网页，单击"发票填开"按钮，单击"增值税专用发票填开"按钮，单击"确定"按钮进入增值税专用发票填开页面，如图 10-36 所示。

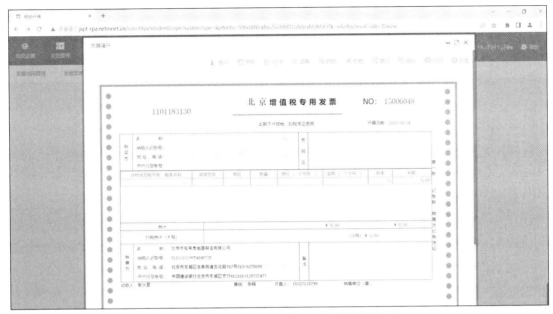

图 10-36　网中网模拟税控开票系统网页（1）

回到华为 WeAutomate 设计器"Main"脚本，双击"选择客户名称。"［功能块］控件，在控件面板中搜索［鼠标单击网页元素］控件添加至"开始" ▶ 的下方，并在其属性面板中设置参数内容。具体设置如下："目标元素"处单击"拾取元素"图标⊕，在网中网模拟税控开票系统网页中选择 ⋯ 按钮，等到 按钮变成蓝色时，单击确认，如图 10-37 所示。

图 10-37　鼠标单击网页元素（6）

打开网中网模拟税控开票系统网页，单击 ⋯ 按钮，打开客户选择页面，如图 10-38 所示。

203

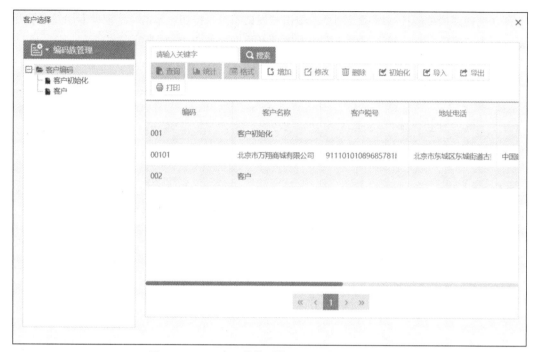

图 10-38 网中网模拟税控开票系统网页（2）

回到华为 WeAutomate 设计器，在控件面板内搜索［在网页中输入文本］控件添加至［鼠标单击网页元素］控件下方，并在其属性面板中设置参数内容。具体设置如下：在"输入位置"处单击"拾取元素"图标➕，在网中网模拟税控开票系统网页中选择"请输入关键字"的搜索框，等到搜索框变成蓝色时，单击确认；"输入内容"处引用变量"@{dict1[key][0][3]}"，表示获取客户名称，如图 10-39 所示。

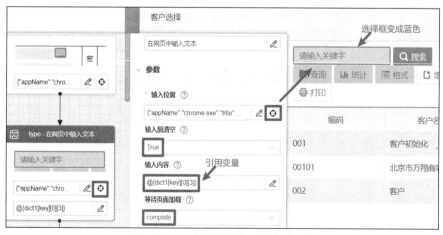

图 10-39 在网页中输入文本（1）

在控件面板内搜索［鼠标单击网页元素］控件添加至［在网页中输入文本］控件下方，并在其属性面板中设置参数内容。具体设置如下："目标元素"处单击"拾取元素"图标➕，在网中网模拟税控开票系统网页中选择"搜索"按钮🔍，如图 10-40 所示。

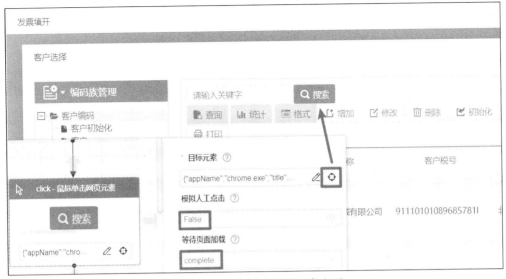

图 10-40　鼠标单击网页元素（7）

在控件面板内搜索［鼠标双击网页元素］控件添加至［鼠标单击网页元素］控件下方，并在其属性面板中设置参数内容。具体设置如下："目标元素"处单击"拾取元素"图标⊕，在网中网模拟税控开票系统网页中选择"客户编码"元素，如图 10-41 所示。

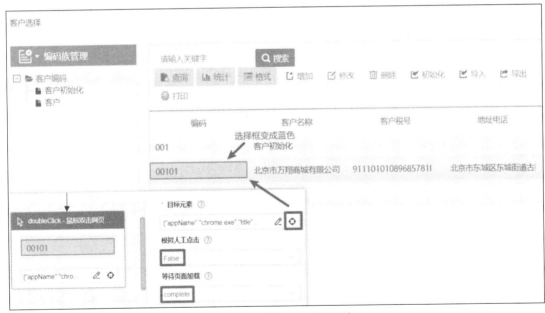

图 10-41　鼠标双击网页元素

（7）回到 Main 脚本，在控件面板中搜索［条件分支］控件添加至"选择客户名称。"［功能块］控件下方，并在其属性面板中设置"条件表达式"处为"invoice_row>6"，表示判断出库单商品的行数是不是大于 6，如果是，开具发票清单；如果不是，直接开具发票，如图 10-42所示。

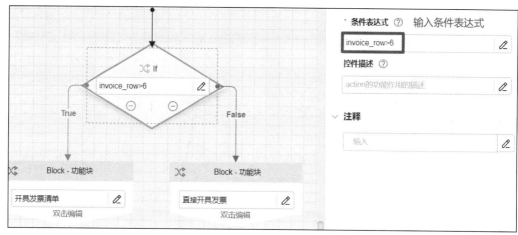

图 10-42　条件分支（4）

在控件面板内搜索［功能块］控件添加至［条件分支］控件的下方，在弹出的"创建连线"对话框中选择"条件成立"选项，单击"确定"按钮，如图 10-43 所示。

图 10-43　创建连线（8）

在其属性面板中设置"语句块名称"为"开具发票清单"（见图 10-44）。

图 10-44　添加"开具发票清单"［功能块］

双击"开具发票清单"［功能块］对控件进行编辑。在控件面板中搜索［鼠标单击网页元素］控件添加至"开始"　▶　的下方，并在其属性面板中设置参数内容。具体设置如下：单击"目标元素"右侧的"拾取元素"图标，在网中网模拟税控开票系统网页中选择"清单"按钮，等到"清单"按钮变成蓝色时，确认拾取范围，如图 10-45 所示。

图 10-45　鼠标单击网页元素（8）

在控件面板中搜索［运行 python 表达式］控件添加至［鼠标单击网页元素］控件下方，并在其属性面板中设置"表达式"处为"2"；"执行结果"处设置变量"num"，如图 10-46 所示。

图 10-46　运行 python 表达式（4）

在控件面板中搜索［While 条件循环］控件添加至［运行 python 表达式］控件下方，并在其属性面板中设置"条件表达式"处为"invoice_row>=num"，如图 10-47 所示。

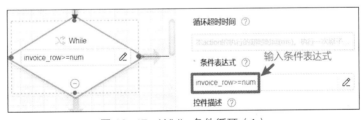

图 10-47　While 条件循环（1）

在控件面板内搜索［鼠标单击网页元素］控件添加至［While 条件循环］控件下方，在弹出的"创建连线"对话框中选择"进入循环体"选项，单击"确定"按钮，如图 10-48 所示。

图 10-48　创建连线（9）

在其属性面板中设置参数内容。具体设置如下：单击"目标元素"右侧的"拾取元素"图标⊕，在网中网模拟税控开票系统网页中选择"增行"按钮，等到"增行"按钮变成蓝色时，确认拾取范围，如图 10-49 所示。

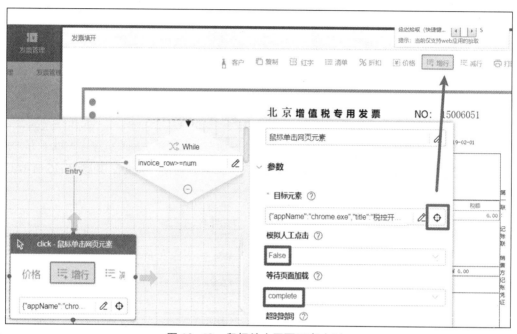

图 10-49　鼠标单击网页元素（9）

在控件面板中搜索［运行 python 表达式］控件，添加至［鼠标单击网页元素］控件的下方，并在其属性面板中设置"执行结果"处为变量"num"；设置"表达式"处为"num+1"，表示每循环一次，num 值加 1，如图 10-50 所示。

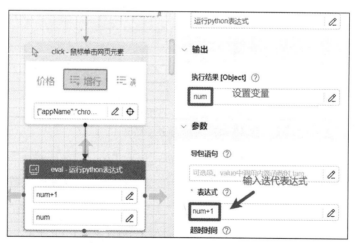

图 10-50　运行 python 表达式（5）

在控件面板中搜索［运行 python 表达式］控件，添加至［While 条件循环］控件的下方，在弹出的"创建连线"对话框中选择"退出循环体"选项，单击"确定"按钮，如图 10-51 所示。

图 10-51 创建连线（10）

并在其属性面板中设置"表达式"处为"1"；"执行结果"处设置变量"write_row"，表示设定一个写入行数的变量，初始赋值为 1，如图 10-52 所示。

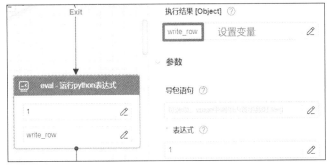

图 10-52 运行 python 表达式（6）

在控件面板中搜索［遍历/计次循环］控件添加至［运行 python 表达式］控件下方，并在其属性面板中设置参数内容。具体设置如下："数据集合"处输入表达式"dict1[key]"，表示获取字典的键；"条目名称"处设置变量"item"，表示将内容附值到变量 item 中，如图 10-53 所示。

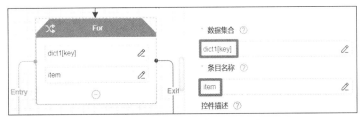

图 10-53 遍历/计次循环（3）

在控件面板中搜索［在网页中输入文本］控件，连续添加七个至［遍历/计次循环］控件下方，在弹出的"创建连线"对话框中选择"进入循环体"选项，单击"确定"按钮，如图 10-54 所示。

图 10-54 创建连线（11）

在网中网模拟税控开票系统网页中返回开票界面，单击"增行"按钮，进入增行页面，如图 10-55 所示。

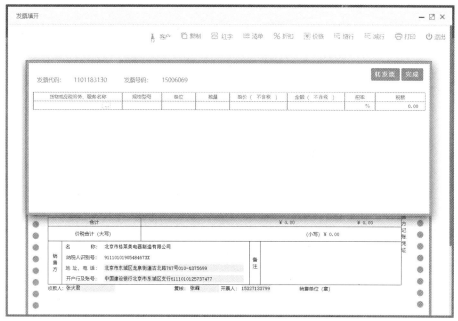

图 10-55　增行页面（1）

在［在网页中输入文本］控件的属性面板中设置参数内容。具体设置如下：在"输入位置"处单击"拾取元素"图标◈，在网中网模拟税控开票系统网页中选择"货物或应税劳务、服务名称"下方的输入框，待输入框变成蓝色时，单击确认；"输入内容"处引用变量"@{item[7]}"，如图 10-56 所示。

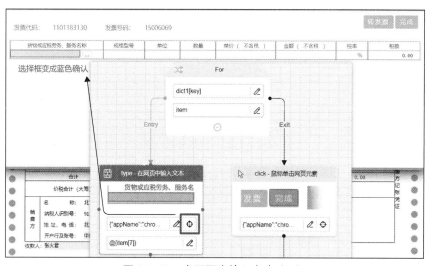

图 10-56　在网页中输入文本（2）

同理，依次选择"规格型号"下方的输入框，"输入内容"处引用变量"@{item[8]}"；选择"单位"下方的输入框，"输入内容"处引用变量"@{item[9]}"；选择"数量"下方的输入框，"输入内容"处引用变量"@{item[10]}"；选择"单价（不含税）"下方的输入框，"输入内容"处引用变量"@{item[11]}"；选择"金额（不含税）"下方的输入框，"输入内容"处引用变量

"@{item[12]}"；选择"税率"下方的输入框，"输入内容"处引用变量"@{item[13]}"，依次填写的七个框如图 10-57 所示。

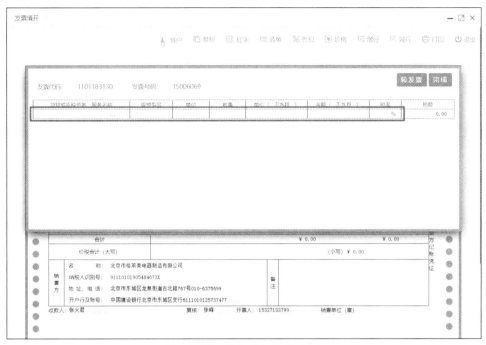

图 10-57　依次输入信息（1）

依次单击七个［在网页中输入文本］控件的"拾取元素"图标⊕旁的 🖉 按钮，在弹出的"输入位置"对话框中，下拉滚动条至末尾的位置，将代码中含有"rc-1-*"字段所在的行坐标的数值，通过引用变量@{write_row}的方式依次进行替换，如图 10-58 所示。

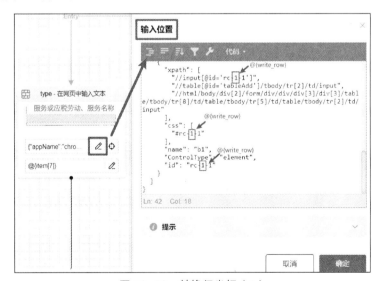

图 10-58　替换行坐标（1）

输入框的行坐标通过引用变量替换后的样式如图 10-59 所示。

图 10-59　替换后结果（1）

在控件面板中搜索［运行 python 表达式］控件添加至最后一个［在网页中输入文本］控件下方，并在其属性面板中设置"表达式"处为"write_row+1"；"执行结果"处设置变量"write_row"，如图 10-60 所示。

图 10-60　运行 python 表达式（7）

回到网中网模拟税控发票开具的增行页面，如图 10-61 所示。

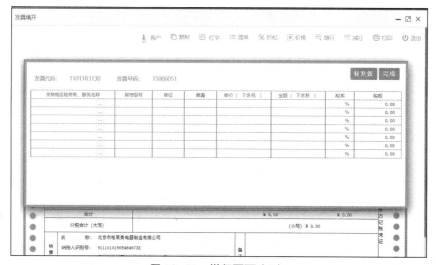

图 10-61　增行页面（2）

在控件面板中搜索［鼠标单击网页元素］控件添加至［遍历/计次循环］控件下方，在弹出的"创建连线"对话框中选择"退出循环体"选项，单击"确定"按钮，如图10-62所示。

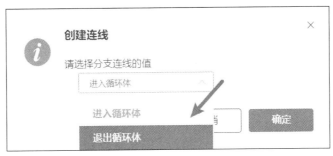

图10-62　创建连线（12）

在［鼠标单击网页元素］控件属性面板中设置参数内容。具体设置如下："目标元素"处单击"拾取元素"图标⊕，在网中网模拟税控开票系统网页清单中选择"完成"按钮，待"完成"按钮变成蓝色时，单击确认，如图10-63所示。

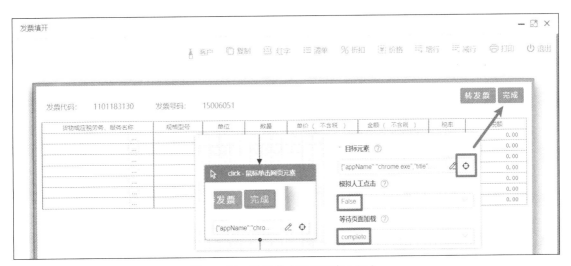

图10-63　鼠标单击网页元素（10）

打开网中网模拟税控开票系统网页的发票清单页面，单击"完成"按钮，回到发票填开页面，如图10-64所示。

在控件面板中搜索［鼠标单击网页元素］控件添加至［鼠标单击网页元素］控件下方，并在其属性面板中设置参数内容。具体设置如下："目标元素"处单击"拾取元素"图标⊕，在网中网模拟税控开票系统网页中选择"打印"按钮，待"打印"按钮变成蓝色时，单击确认，如图10-65所示。

（8）回到Main脚本，在控件面板中搜索［功能块］控件添加至［条件分支］控件下方，在弹出的"创建连线"对话框中选择"条件不成立"选项，单击"确定"按钮，如图10-66所示。

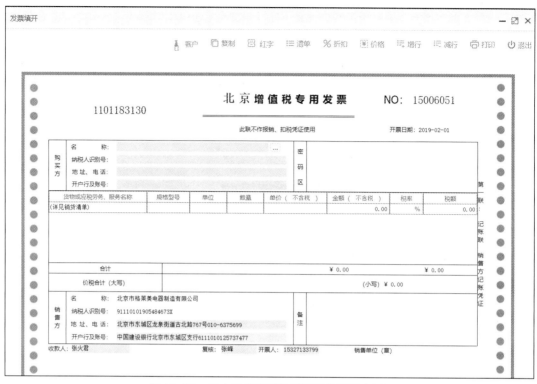

图 10-64　网中网模拟税控开票系统网页（3）

图 10-65　鼠标单击网页元素（11）

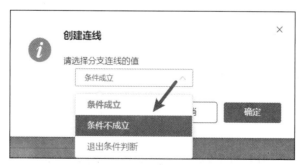

图 10-66　创建连线（13）

在其属性面板中设置参数内容。具体设置如下："语句块名称"处设置"直接开具发票"（见图 10-67）。

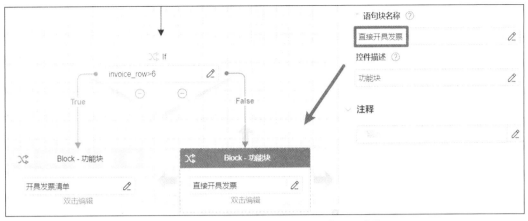

图 10-67　添加"直接开具发票"［功能块］

双击"直接开具发票"［功能块］对控件进行编辑，在控件面板中搜索［运行 python 表达式］添加至"开始" ▶ 的下方，在其属性面板中设置参数内容。具体设置如下："表达式"处输入"2"；"执行结果"处设置变量"num"，表示设定一个变量 num，初始赋值为 2，如图 10-68 所示。

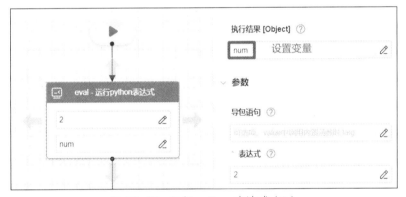

图 10-68　运行 python 表达式（8）

在控件面板中搜索［While 条件循环］控件添加至［运行 python 表达式］控件下方，并在其属性面板中设置参数内容。具体设置如下："条件表达式"处输入表达式"invoice_row>=num"，表示每一次循环，先判断发票行数是否大于或者等于 num，如图 10-69 所示。

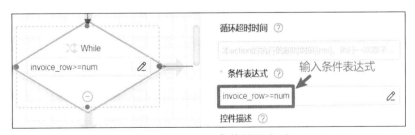

图 10-69　While 条件循环（2）

在控件面板内搜索［鼠标单击网页元素］控件添加至［While 条件循环］控件下方，在弹出的"创建连线"对话框中选择"进入循环体"选项，单击"确定"按钮，如图 10-70 所示。

图 10-70　创建连线（14）

在［鼠标单击网页元素］控件属性面板中设置参数内容。具体设置如下："目标元素"处单击"拾取元素"图标⊕，在网中网模拟税控开票系统网页中选择"增行"按钮，等到"增行"按钮变成蓝色时，单击确认，表示如果发票行数大于等于 num，则单击"增行"按钮，如图 10-71 所示。

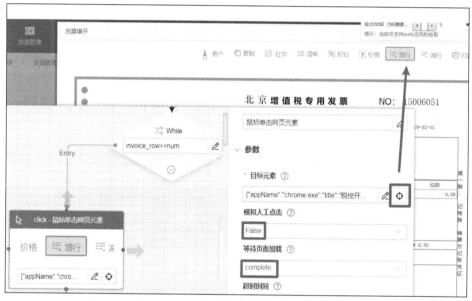

图 10-71　鼠标单击网页元素（12）

在控件面板中搜索［运行 python 表达式］控件添加至［鼠标单击网页元素］控件的下方，并在其属性面板中设置参数内容。具体设置如下："执行结果"处输入"num"；"表达式"处输入"num+1"，表示每循环一次，num 值加 1，如图 10-72 所示。

图 10-72　运行 python 表达式（9）

在控件面板中搜索［运行 python 表达式］控件添加至［While 条件循环］控件的下方，在弹出的"创建连线"对话框中选择"退出循环体"选项，单击"确定"按钮，如图 10-73 所示。

图 10-73　创建连线（15）

并在其属性面板中设置参数内容。具体设置如下："表达式"处输入"1"；"执行结果"处设置变量"write_row"，如图 10-74 所示。

图 10-74　运行 python 表达式（10）

在控件面板中搜索［遍历/计次循环］控件添加至［运行 python 表达式］控件下方，并在其属性面板中设置参数内容。具体设置如下："数据集合"处输入表达式"dict1[key]"；"条目名称"处设置变量"item"，如图 10-75 所示。

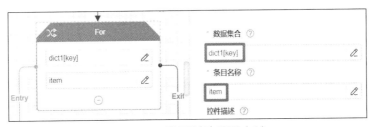

图 10-75　遍历/计次循环（4）

在控件面板中搜索［在网页中输入文本］控件，连续添加七个至［遍历/计次循环］控件下方，在弹出的"创建连线"对话框中选择"进入循环体"选项，单击"确定"按钮，如图 10-76 所示。

图 10-76　创建连线（16）

在［在网页中输入文本］控件的属性面板中设置参数内容。具体设置如下：在"输入位置"处单击"拾取元素"图标⊕，在网中网模拟税控开票系统网页中选择"货物或应税劳务、服务名称"下方的输入框，待输入框变成蓝色时，单击确认；"输入内容"处引用变量"@{item[7]}"，如图 10-77 所示。

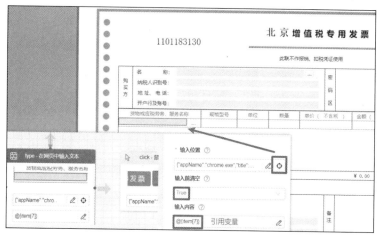

图 10-77　在网页中输入文本（3）

同理，依次选择"规格型号"下方的输入框，"输入内容"处引用变量"@{item[8]}"；选择"单位"下方的输入框，"输入内容"处引用变量"@{item[9]}"；选择"数量"下方的输入框，"输入内容"处引用变量"@{item[10]}"；选择"单价（不含税）"下方的输入框，"输入内容"处引用变量"@{item[11]}"；选择"金额（不含税）"下方的输入框，"输入内容"处引用变量"@{item[12]}"；选择"税率"下方的输入框，"输入内容"处引用变量"@{item[13]}"，依次填写的七个框如图 10-78 所示。

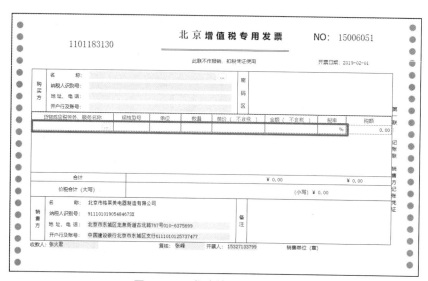

图 10-78　依次输入信息（2）

依次单击七个［在网页中输入文本］控件的"拾取元素"图标⊕旁的 ✐ 按钮，在弹出的"输入位置"对话框中，下拉滚动条至末尾的位置，将代码中含有"rc-1-*"字段所在的行坐标的数值，通过引用变量@{write_row}依次进行替换，如图 10-79 所示。

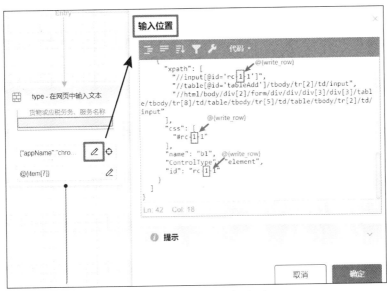

图 10-79　替换行坐标（2）

输入框的行坐标通过引用变量替换后的样式如图 10-80 所示。

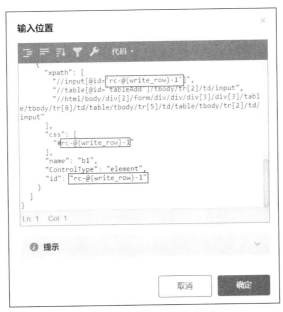

图 10-80　替换后结果（2）

在控件面板中搜索［运行 python 表达式］控件添加至［在网页中输入文本］控件下方，并在其属性面板中设置参数内容。具体设置如下："表达式"处输入"write_row+1"；"执行结果"处设置变量"write_row"，如图 10-81 所示。

图 10-81　运行 python 表达式（11）

在控件面板中搜索［鼠标单击网页元素］控件添加至［遍历/计次循环］控件下方，在弹出的"创建连线"对话框中选择"退出循环体"选项，单击"确定"按钮，如图 10-82 所示。

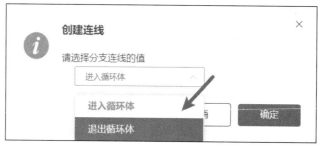

图 10-82　创建连线（17）

在［鼠标单击网页元素］控件的属性面板中设置参数内容。具体设置如下："目标元素"处单击"拾取元素"图标◈，在网中网模拟税控开票系统网页中选择"打印"按钮，待"打印"按钮变成蓝色时，单击确认，如图 10-83 所示。

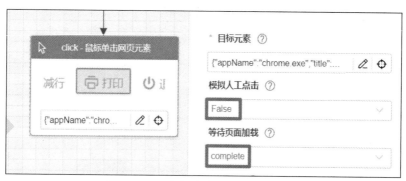

图 10-83　鼠标单击网页元素（13）

（9）回到 Main 脚本，在控件面板中搜索［消息窗口］控件添加至"将开票内容添加到字典中。"［功能块］控件下［遍历/计次循环］控件的下方，退出循环体。［消息窗口］控件内容设置为"开票完成！"（见图 10-84）。

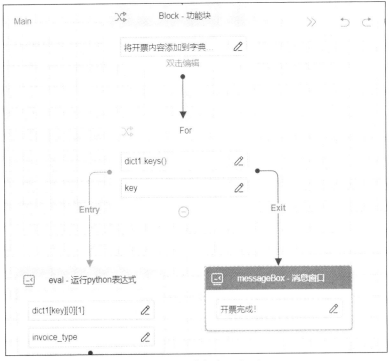

图 10-84　消息窗口（2）

（10）运行发票开具机器人，在网中网模拟税控开票系统中单击"发票查询"按钮，如图 10-85 所示。

图 10-85　网中网模拟税控开票系统

单击“发票查询”按钮后，查询结果如图 10-86 所示。

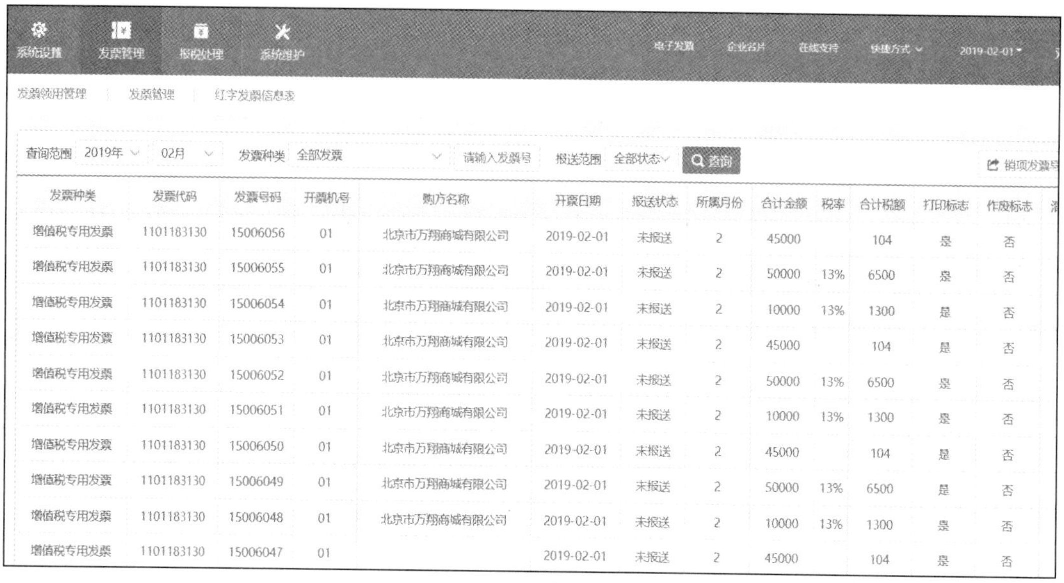

发票种类	发票代码	发票号码	开票机号	购方名称	开票日期	报送状态	所属月份	合计金额	税率	合计税额	打印标志	作废标志
增值税专用发票	1101183130	15006056	01	北京市万翔商城有限公司	2019-02-01	未报送	2	45000		104	是	否
增值税专用发票	1101183130	15006055	01	北京市万翔商城有限公司	2019-02-01	未报送	2	50000	13%	6500	是	否
增值税专用发票	1101183130	15006054	01	北京市万翔商城有限公司	2019-02-01	未报送	2	10000	13%	1300	是	否
增值税专用发票	1101183130	15006053	01	北京市万翔商城有限公司	2019-02-01	未报送	2	45000		104	是	否
增值税专用发票	1101183130	15006052	01	北京市万翔商城有限公司	2019-02-01	未报送	2	50000	13%	6500	是	否
增值税专用发票	1101183130	15006051	01	北京市万翔商城有限公司	2019-02-01	未报送	2	10000	13%	1300	是	否
增值税专用发票	1101183130	15006050	01	北京市万翔商城有限公司	2019-02-01	未报送	2	45000		104	是	否
增值税专用发票	1101183130	15006049	01	北京市万翔商城有限公司	2019-02-01	未报送	2	50000	13%	6500	是	否
增值税专用发票	1101183130	15006048	01	北京市万翔商城有限公司	2019-02-01	未报送	2	10000	13%	1300	是	否
增值税专用发票	1101183130	15006047	01		2019-02-01	未报送	2	45000		104	是	否

图 10-86　查询结果

前沿资讯

让数据安全托起美好数字生活

党的二十大报告明确提出，加快建设网络强国、数字中国，对促进数字经济和实体经济深度融合，打造具有国际竞争力的数字产业集群做出部署。数字经济作为新型的经济形态，和传统产业相比，最大的优势是可以叠加在其他产业之上，为我们的优势产业插上效率的数字化“翅膀”，提升实体经济的产业优势，促进产业向高端化、智能化和绿色化的方向去发展。

随着数字经济加速发展，数据已成为重要生产要素。加强数据治理、保护数据安全，为数字经济持续健康发展筑牢安全屏障，这是时代发展的客观需要。近年来，中国网络空间的法治化按下了“加速键”。数据安全法、关键信息基础设施安全保护条例、个人信息保护法等陆续施行，《网络数据安全管理条例（征求意见稿）》近日又向社会公开征求意见，与数据治理、数据安全相关的法律法规体系将进一步完善。

享受美好数字生活，数据“安全锁”必不可少。我国网民规模已超过 10 亿，形成了全球最为庞大的数字社会。但大数据时代各类数据迅猛增长、海量聚集，也相伴而生了一些新问题、新挑战，例如点开手机上的 App，强制索权的使用条款中潜藏着个人信息过度收集的风险；从网络购物到旅行交通，用户被大数据精准“画像”，同时也可能遭遇大数据“杀熟”；钓鱼网站、木马病毒、黑客攻击等造成的数据泄露，轻则带来不胜其烦的骚扰电话、短信，重则诱发电信诈骗等网络犯罪。

没有数据安全，数字经济的发展、数字社会的运行将失去防火墙；没有数字经济与数字社会的蓬勃发展，数据安全也成了无源之水、无本之木。厚植数字经济创新创造的土壤，营造数字社会健康发展的环境，离不开数据安全高效流动，这一切都有赖于规范有序的法治护航。实践证明，当法律法规或执法监管存在薄弱环节，市场就容易掉入野蛮生长的发展陷阱，侵蚀产业长期健康发展的基础，破坏数字生活的安定有序；当我们坚持把法治作为基础性手段，给予市场明确稳定的预期，达成平衡发展与安全的最优解，市场主体就会吃下"定心丸"，数字红利就能充分释放，数字生活将更加美好。

数据安全是全球性问题，没有哪个国家可独善其身。放眼当今世界，信息化、数字化、网络化、智能化已成大势所趋，但规则缺失是当前全球数字治理领域面临的突出挑战。应对数据安全风险，需要凝聚全球数字治理合力。中国2020年发起的《全球数据安全倡议》，为全球数字治理规则制定贡献了中国方案、中国智慧，正在得到越来越多国家的积极回应。共商应对数据安全风险之策，共谋全球数字治理之道，才能抓住机遇、应对挑战，共创数字时代更加安全、繁荣、美好的未来。

（资料来源：《人民日报》，有改动，2021年12月06日第5版）

课后练习

操作题

开发一个发票认证机器人，使其能够自动读取Excel抵扣明细表中的信息，登录模拟发票认证系统，查找出相同的发票信息并且在发票认证系统中自动勾选，如图10-87所示。

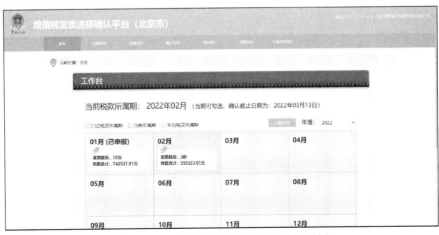

图10-87　发票认证机器人操作数据示例

勾选	发票代码	发票号码	开票日期	销方名称	金额	税额	发票状态	是否勾选	勾选时间
☐	101101183130	62311039	2022-02-05	北京市萌新电器配件批发有限公司	920000	119600	正常	否	
☐	011101183130	63222111	2022-02-09	北京市理想电器配件批发有限公司	720000	93600	正常	否	
☐	101101183130	62201132	2022-02-12	北京市旺角电器配件批发有限公司	507600	65988	正常	否	
☐	101101183130	62201142	2022-02-15	北京市翔洋电器配件批发有限公司	1600000	208000	正常	否	
☐	101101183130	62311046	2022-02-16	北京市一线包装物批发有限公司	50000	6500	正常	否	
☐	1101183130	62201135	2022-02-17	北京货通运达有限公司	30000	2700	正常	否	
☐	1101183130	62201136	2022-02-18	北京市畅达物流有限公司	25000	1500	正常	否	
☐	1101183130	62201938	2022-02-19	北京市徐天文化传媒有限公司	5000	300	正常	否	
☐	1101183130	62202138	2022-02-20	天津市南沙酒店有限公司	3000	180	正常	否	
☐	1101183130	62203138	2022-02-21	天津市蓝兰文化办公有限公司	10000	1300	正常	否	
☐	1101183130	62655332	2022-02-23	北京海达房地产有限公司	24000	1200	正常	否	
☐	1101163130	62011807	2022-02-28	天津市宏达百货有限公司	20000	2600	正常	否	
☐	1101183130	62011808	2022-02-28	厦门远潭建筑材料批发有限公司	4800	624	正常	否	
☐	1101183130	62205138	2022-02-28	中国电信股份有限公司北京分公司	28000	2040	正常	否	
☐	1101183130	62206138	2022-02-28	北京市电力集团有限公司	30000	3900	正常	否	
☐	1101183130	62655318	2022-02-28	北京市水务集团有限公司	16000	1440	正常	否	
☐	1101183130	62991381	2022-02-28	北京市顺疆服务有限公司	32000	1920	正常	否	

图 10-87　发票认证机器人操作数据示例（续）